Mademoiselle

Mademoiselle le gour

ORANTE,

TRAGI-COMEDIE.

PAR

MONSIEVR DE SCVDERY.

A PARIS,

Chez AVGVSTIN COVRBE', Imprimeur &
Libraire de Monsieur frere du Roy, dans la
petite Salle du Palais, à la Palme.

M. DC. XXXVI.

AVEC PRIVILEGE DV ROY.

À MADAME,
MADAME
LA DVCHESSE
DE LONGVEVILLE.

ADAME,

J'aduoüe que ce que ie presente à vostre Grandeur est indigne d'elle: Mais si vous ne deuiez receuoir que les choses qui meritent de l'estre de vous, il est cer-

ã iij

tain que vous auriez droict de refuser tout ce qu'on vous pourroit offrir. Cette foiblesse, qui m'est commune, auec tout le reste des hommes, ne me donne point d'affliction; ie sçay qu'il est mesme des fuites qui ne sont pas honteuses aux particuliers, parce qu'elles sont generales, & que ceux qui se sauuent de la perte d'vne bataille n'estoient pas obligez d'y mourir. Mais quand ce raisonnement n'auroit pas esté capable de me faire hardy, le fauorable accueil que i'ay tousiours receu de V. E. m'eust aussi bien obligé de l'estre. Oüy, MADAME,

ME, vostre bonté fait ma hardiesse, & mon crime vient de vostre vertu : mais quoy que l'on tienne pour asseuré qu'vne erreur en appelle vne autre, ie m'empescheray bien d'adiouster à la faute que ie commets, en vous donnant vne chose de si peu d'importance, celle de vous loüer de mauuaise grace : que s'il faut toutefois que ie le fasse, pour suiure la coustume que les autres ont establie, ie pẽse auoir assez d'adresse pour m'en acquiter plus dignement sans eloquence, qu'ils ne feroient auec toutes les regles & toutes les beautez de leur art.

é

Et cela, MADAME, en difant feulement que vous eftes de l'illuftre Sang de BOVRBON, fi Noble & fi pur, qu'il a moins de taches que le Soleil; de forte que vous auriez plus de peine à faillir, que les autres n'en ont à bien faire: Et s'il faut encore adioufter à cette gloire effentielle vne qui vous vienne d'ailleurs, apres auoir remarqué que vous auez l'honneur d'appartenir au plus grand Monarque de la terre: Ie diray que vo' eftes Sœur d'vn Prince, qui poffede toutes les bonnes qualitez que doit auoir vn homme de la fienne, & femme d'vn autre, de qui le cœur & l'esprit disputent de grandeur auec sa naissance : C'est tout ce que vous peut dire,

MADAME,

Vostre tres-humble &
tres-obeïssant seruiteur,
DE SCVDERY.

Fautes survenuës en l'impreſſion de l'Orante.

Page 18. vers 2. mots, liſez maux.
Pag. 19. vers 5. infortuné, liſez infortunée.
Page 29. vers 6. vn Dien, liſez vn Dieu.
Page 70. vers 2. le, liſez la.
Page 85. vers 7. fouffrez, liſez ſouffrez.
Page 104. vers 8. pere, liſez peres.
Page 108. vers 1. ſuiuez, liſez ſuiuiez.

AV
LECTEVR.

JE confesse ingenuëment que ma sterilité vient de l'abondance d'autruy : L'on a tant fait d'Auant-propos, qu'il est comme impossible maintenant que mes pensées ne se rencontrent auec celles d'vn autre; & ie ne veux point te donner suiet d'appeller larcin ce qui ne seroit que concurrence. Contente-toy donc que ie te prie seulement d'excuser mes fautes, & celles de l'Impression. Adieu.

PRIVILEGE DV ROY.

LOVYS PAR LA GRACE DE DIEV ROY DE FRANCE ET DE NAVARRE: A nos amez & feaux Conseillers, les gens tenans nos Cours de Parlement, Maistres des Requestes ordinaires de nostre Hostel, Baillifs, Seneschaux, Preuosts, leurs Lieutenans, & tous autres de nos Iusticiers & Officiers qu'il appartiendra ; Salut. Nostre bien-aimé AVGVSTIN COVRBE', Marchand Libraire en nostre bonne ville de Paris, nous a fait remonstrer qu'il desireroit imprimer vn Liure intitulé *Orante, Tragi-Comedie* du Sieur de SCVDERY, s'il nous plaisoit de luy accorder nos Lettres sur ce necessaires; humblement nous requerant icelles. A CES CAVSES, Nous auons permis & permettons par ces presentes à l'exposant, d'imprimer ou faire imprimer, vendre & debiter ledit Liure en tous les lieux de nostre obeyssance, durant l'espace de sept ans entiers & accomplis, à compter du iour qu'il sera acheué d'imprimer pour la premiere fois. Et faisons deffenses à toutes personnes, de quelque qualité qu'elles soient, tant de nos subiects que des estrangers, d'en exposer en vente aucuns exemplaires contrefaits, à peine de quinze cens liures d'amende, qui sera payée sans deport, & nonobstant oppositions ou appellations quelconques, par chacun de ceux qui en seront trouuez saisis, ou qui l'auront imprimé ou fait imprimer sans le consentement dudit exposant ; de confiscation de tous les exemplaires, & de tous despens dommages & interests: A condition qu'il en sera mis deux exemplaires en nostre Bibliotheque publique; à faute dequoy les presentes seront de nul effect. Si vous mandons que du contenu en icelles, vous fassiez iouïr plainement & paisiblement ledit exposant, sans souffrir qu'aucun empeschement luy soit donné. Voulons qu'en mettant au commencement, ou à la fin dudit Liure, vn bref extraict des presentes, elles soient tenuës pour deuëment signifiées, & que foy soit adioustée aux coppies qui en seront collationnées par vn de nos amez & feaux Conseillers, Secretaires, comme à l'original. Mandons au premier nostre Huissier ou Sergent sur ce requis, de faire pour l'execution d'iceluy, tous exploicts necessaires, sans demander autre permission. CAR TEL EST nostre plaisir, nonobstant Clameur de Haro, Chartre Normande; & autres lettres à ce contraires. Donné à Paris le dernier iour de Iuin, l'an de grace mil six cens trente cinq. Et de nostre Regne le vingt-sixiesme.

Par le Roy en son Conseil.

CONRART.

Acheué d'imprimer ce 1. Septembre 1635.

Lesdits Liures ont esté fournis, ainsi qu'il est porté par le Priuilege.

Les Acteurs.

Isimandre Fils du Gouuerneur de Naples.
Orante Dame Napolitaine.
Rosimond Amy d'Isimandre.
Ormin Gouuerneur de Pise.
Palinice Femme d'Ormin.
Lucinde Mere d'Orante.
Florange Gentil-homme Pisan.
Nerine Demoiselle d'Orante.
Poliante Pere d'Isimandre.
Clindor Escuyer d'Isimandre.
Lindoman Valet de Chambre d'Orante.
Leriste Page d'Ormin.
Argamor Braue.
Gertimant Braue.

ORANTE

ORANTE

ACTE PREMIER.

Rosimond, Isimandre, Ormin, Clindor, Nerine, Lucinde, Florange, Palinice, Orante.

SCENE PREMIERE.

Rosimond, Isimandre.

ROSIMOND.

Malgré le vœu discret d'vne bouche muette,
Enfin ie vous connois amoureux & Poëte:
Non, non, ie vous y prends, que sert de le celer?
C'est trop en mesme temps, que se taire, & brusler.

A

ORANTE.

Voyons dans ce Sonnet, qu'on cache comme vn crime;
Des regrets mesurez, & des souspirs en rime.

ISIMANDRE.

Rends-le moy cher Amy:

ROSIMOND.

J'y suis bien resolu,
Mais ce ne sera pas auant que l'auoir leu.

ISIMANDRE.

Comme tous mes plaisirs ont desia fait naufrage,
Le desordre des sens en met en mon ouurage,
Et mes vers sont confus, autant que mon humeur:

ROSIMOND.

Icy l'humilité ne sent point le Rimeur.
Il falloit preparer mes yeux & mes oreilles;
Me dire qu'à genoux on doit voir des merueilles;
Me reciter vos vers en accents releuez;
C'est tout leur ornement, & vous les en priuez:
Les Maistres du mestier ont bien vne autre empha-
se;
Pour vous rauir l'esprit, ils tombent en extase;

ORANTE.

A chaque fin de stance on les voit se pasmer,
Pour vous donner le temps qu'il faut à l'estimer;
Et faisant les yeux doux, ils semblent vouloir dire,
Vous deuez m'adorer, parce que ie m'admire;
Mais mon visage froid desespere vn Autheur,
Et ie le fais tomber d'vne belle hauteur.
Or vous dont ie connois, & l'adresse, & la force;
Me faisant vn refus, me iettez vne amorce;
En vn mot, ie vœux voir, en voyant ce sonnet,
Ce que vous enfantez dans vostre Cabinet.

SONNET.

QV'on me fasse vn Tombeau, ie ne me puis
    promettre
De viure desormais l'espace d'vn moment:
Mille ans ont fait leur cours depuis l'esloignement,
De l'homme paresseux qui doit rendre ma lettre:

Dieux, Parques, & Destins, me voulez vous per-
    mettre,
Immortel comme vous, d'estre eternellement?
Si vous estes puissans, faites le moy parestre,
Me donnant le repos qu'on trouue au monument.

ORANTE.

Auoir vescu mille ans, n'est-ce pas vn bel âge?
Mais que l'impatience, helas! me rend peu sage,
Mon esprit agité, soy-mesme ne s'entend:

Depuis que i'escriuis, i'ay compté mille années;
Et tout consideré, ce n'est que six iournées,
Dieux! que le temps est long pour vn bien qu'on at-
    tend.

Quoy donc, vous en tenez? & cette humeur rebelle,
Enfin dans l'Vniuers, a pû voir vne Belle?
Il se trouue vn object, qui merite vos soins?
Si ce discours est vray, c'est Venus pour le moins.

ISIMANDRE.

Celle dont le Berceau fut pris d'vne Coquille,
Pourroit seruir de lustre à cette belle fille;
Et l'on doit confesser malgré ses cruautez,
Qu'on n'a veu qu'en ce temps la Reine des beau-
    tez:
La liberté s'enfuit, d'où la Belle se treuue;
Pour les coups de ses yeux, il n'est rien à l'espreuue;
Et bien qu'vn arbre, vn roc, s'en laissassent charmer,
Elle a plus fait encor, en me faisant aimer.

ORANTE.

ROSIMOND.

De sçauoir quelle elle est, le desir vient de naistre:

ISIMANDRE.

Sans te dire son nom tu la pourras connaistre:
On ne voit rien d'esgal au moindre de ses traicts;
Escoute moy parler pour voir de ses Portraicts.
Forme toy dans l'esprit toutes les belles choses;
Mesle confusément, & des Lis, & des Roses;
Que l'imaginatiue en soy figure encor,
L'albastre, le coral, & les perles, & l'or;
Feins toy deux cents Amours qui vont baiser ses traces;
Pense de voir vn port, qui fait rougir les Graces;
Songe à tous les attraicts, songe à tous les appas,
Telle est cette Beauté, ne la connois tu pas?

ROSIMOND.

Mon ame en est rauie, & non moins ignorante;

ISIMANDRE.

Est-il besoin encor de te nommer Orante?

A iij

ORANTE.

Iniurieux amy, confesse moy ce point,
Qu'à iuger des portraicts tu ne te connois point.

ROSIMOND.

Le moyen de la voir à trauers la querelle,
Et cette inimitié qui vous est naturelle?

ISIMANDRE.

Espouse qui voudra ses iniustes fureurs;
Ie dois cherir mon pere, & non pas ses erreurs:
Ces vieux ressentimens que la colere attise,
N'ont rien de genereux, & chocquent la franchise:
Mon courroux tient du foudre, en ce qu'en vn instant,
Il punit, ou pardonne vn outrage important.
Et deust ma lacheté me combler d'infamie,
Ie baiseray les pas de ma belle ennemie,
Mon esprit ne sçauroit en estre diuerti;
Malgré mon interest, il est de son parti.

ROSIMOND.

Estes vous asseuré, que le sien est du vostre?

ISIMANDRE.

A quiconque aime bien qu'importe l'vn ou l'autre?

ORANTE.

Le veritable amant ne doit rien esperer;
Rien demander aux Dieux, c'est assez d'adorer:
Ie me tiens satisfait, seulement quand i'y pense;
L'amour qui fait ma peine en est la recompense;
Les bonnes actions ont vn certain plaisir,
Qui s'esleue plus haut que ne fait le desir.

ROSIMOND.

Pourquoy donc desirer responce d'vne lettre?

ISIMANDRE.

Ha! que ie hay ces vers, parce qu'vn d'eux est traistre:
Il apprend vn secret qui me descouurira;
Et le mettant au iour, ta voix m'en priuera,
Pardonne Rosimond, à cette violence;
Sçache que pour cela, ie craindrois le silence;
Tout endormy qu'il est d'vne froide vapeur,
Son sommeil de pauots esueilleroit ma peur.

ROSIMOND.

Que ma fidelité me pleige, & vous console;
Sçachez que mon deuoir commande à ma parole;
Vn secret en mon ame, augmente son credit;
Ne le dire qu'à moy, c'est ne l'auoir point dit.

ORANTE.

ISIMANDRE.

Ie le crois, cher Amy, tu pleurerois ma perte;
C'est pour toy seul aussi que mon ame est ouuerte;
Ie descouure à toy seul l'iniustice du sort,
Qui m'esloigne d'Orante, & me donne la mort.
Ie te monstre vne flame à tout autre inuisible :
Voy comme mon mal-heur se va rendre inuincible:
Le pouuoir de mon pere esloigne de ces lieux,
Celle qui mit au iour la merueille des yeux:
Car Orante & sa mere ont quitté la Contrée,
Elles sont en des lieux où ie n'ay point d'entrée;
Elles sont chez Ormin, qui leur proche parent,
Mesle ses interests dans nostre different.
Mais si le Ciel permet qu'Orante puisse lire
Les termes pleins de feu qu'Amour m'a fait escrire,
Et que ses volontez m'ordonnent de la voir,
En despit du malheur ie feray mon deuoir.

ROSIMOND.

Soyez Amant discret, ainsi qu'Amant fidelle;
Puis qu'elle vous cherit, conseruez vous pour elle;
Si vous allez à Pise, où gist vostre bon-heur,
Souuenez-vous qu'Ormin en est le Gouuerneur.

Isi-

ORANTE.

ISIMANDRE.

La force de l'Amour rendra la sienne vaine;
Mon cœur tout genereux se mocque de sa haine;
Et sçache que pour voir ce que i'aime le mieux,
I'attaquerois l'enfer & forcerois les Cieux.

SCENE SECONDE.

ORMIN.

RVde & foible raison, abandonne mon ame:
Ta froideur ne sçauroit s'opposer à ma flame:
L'amitié vient du sang; & i'espreuue en ce iour,
Qu'elle n'est qu'vn chemin qui conduit à l'amour.
I'aime (ie le confesse) Orante me possede;
Ie suis homme, elle est belle, on m'attaque, & ie cede:

B

Ses regards ont des traicts qui percent iusqu'au cœur;
Le mien est bon esclaue, il aime son vainqueur.
Et pourroit-on blasmer ce qui n'est point blasmable?
Pour estre ma parente, est-elle moins aimable?
Loix, qui nous deffendez les plaisirs innocens,
Laissez nous l'esprit libre, ou nous ostez les sens.
L'obiect de mon desir luy peut seruir d'excuse;
Il arrache de force vn cœur qu'on luy refuse;
La raison & la crainte ont beau le secourir,
L'esperance le flatte, en le faisant mourir,
Et trouuant que l'amour est fille de l'estime,
Tout ce qu'on luy deffend luy semble legitime:
Vne conqueste aisée est digne de mespris;
La peine est vne amorce aux genereux esprits;
Et quoy qu'vn sot discours en pareille aduanture,
Oppose aux loix d'Amour celles de la Nature,
Il les faut mespriser, pour estre possesseur;
Si i'aime vne cousine, vn Dieu cherit sa sœur.

ORANTE.

Ouy, puis qu'Amour le veut, la sentence est don-
née:
Allumons son flambeau par celuy d'Hymenée;
Laissons cueillir la fleur, pour recueillir le fruit;
Et tirons cent bons iours d'vne mauuaise nuit.
Orante sera mienne estant à ce Florange;
Les deffauts d'vn mary la porteront au change;
Et dedans son esprit toutes ses actions,
Pourront seruir de lustre à mes perfections.
C'est de là que mon bien prendra son origine;
Ie bastis sur l'espoir de sa mauuaise mine;
L'entretien d'vn brutal est capable d'aider
Au dessein que i'ay pris de la persuader:
I'ay le vent fauorable, & i'appercoy la riue;
Pour posseder Orante, il faut que ie m'en priue;
Le Ciel entend mes vœux, & mon bon-heur s'y
   lit;
Mais, Amour auec eux n'entre pas dans le lit.

SCENE TROISIESME.

Clindor, Nerine.

Clindor.

Nerine, qu'à propos ie vous ay rencontrée!
Vous pouuez au Chasteau me donner libre entrée;
Mon maistre vous en prie, & l'Amour comme luy,
Demande que vos soins l'assistent auiourd'huy.

Nerine.

Ha! fidelle Clindor, vn bon demon t'ameine:
Si ton Maistre pâtit, Orante est bien en peine;
Florange la recherche, & sa Mere y consent;
Iuge par là des maux que son esprit ressent.
Mais que fait Isimandre en cette longue absence?

ORANTE.
CLINDOR.

Il desire la mort; il maudit sa naissance;
Il accuse le sort; il attaque les Cieux;
Et croit que pour pleurer Nature fit les yeux.
Son ame suit Orante, & n'a point d'autre idée;
Son feu ne peut souffrir celuy de Celidée;
Il croit qu'aupres de l'œil, dont le sien est espris,
Vne Desse mesme, est digne de mespris.
Il rend les Bois tesmoings de son inquietude,
Son vnique recours est en la solitude;
C'est là, que librement dans le mal qui le point,
Il se plaint à l'Amour, qui ne le quitte point:
C'est là que ce grand Dieu luy dicta les pen-
   sées,
Que garde ce papier, que sa main a tracées;   Il luy
Et qu'il adresse aux yeux qui luy font endurer   baille
Vn mal si violent, qu'il ne sçauroit durer.   vne let-
                                                      tre.

NERINE.

Ma Maistresse auiourd'huy n'est point accom-
   pagnée;
Sa fieure à ce matin, a voulu la seignée;

ORANTE.

Elle garde la Chambre, où ie m'en vay courir;
Mieux que le Medecin ie la puis secourir;
Son remede consiste au papier que ie porte,
Dont ie vay r'animer son esperance morte;
Toy, fidelle Clindor suis moy dans le Chasteau;
Passe la basse-court, le nez dans la manteau;
Monte au grand escalier, où ie m'en vay t'atten-
    dre:

CLINDOR.

I'ose tout, ie fais tout, pour seruir Ismandre.

SCENE QVATRIESME.

LVCINDE, FLORANGE, PALINICE.

LVCINDE.

Vous l'accusez à tort, elle a plus de bonté;
Son cœur ne prend de loy que de ma volonté;
Son esprit est fort doux, i'en dispose absoluë;
Florange, elle est à vous, si i'y suis resoluë :
Et puis qu'Ormin l'agrée, & Palinice encor,
Quand vous auriez les ans, que l'on donne à Nestor;
Quand plus de cent Hyuers, horribles en tempeste,
Auroient ainsi qu'aux champs, neigé sur vostre teste;
Croyez (puis qu'il est vray) que i'aurois le pouuoir
De la mettre en vos bras comme dans son deuoir.

FLORANGE.

Mon âge luy fait peur, sa tristesse m'estonne;
Et ie pleins la douleur que mon plaisir luy donne:
Ie ne la trouue point fauorable à mes vœux;
L'or ne sçauroit cacher l'argent de mes cheueux.

ORANTE.
PALINICE.

La foy de mon mary vous assure la sienne.

LVCINDE.

Puis que ie l'ay promis, il faut que ie le tienne:
On ne peut vous l'oster, Orante est vostre bien,
Esperez tout Florange, & ne craignez plus rien;
Condamnez desormais cette pleinte au silence,
Aussi tost que son mal perdra sa violence,
Guarissant la douleur par qui vous souspirez,
Ie sçauray bien la mettre où vous la desirez.

FLORANGE.

Ce discours me rauit; n'en parlons plus Madame,
L'excez de ce plaisir me deroberoit l'ame,
Ie mourrois à vos yeux, & mon cœur a dessein,
De prendre pour Tombeau l'albastre de son sein.
Couronné des lauriers d'vne victoire insigne,
Puis qu'il me faut mourir ie veux mourir en Cygne,
Et chanter les beautez, & vanter les appas,
Que ie trouue en ses yeux, que ie gouste au trespas.

SCENE

ORANTE.

SCENE CINQVIESME.

ORANTE.

STANCES.

Mour, ie veux suiure l'enuie,
Qui me pousse à mourir;
Et trouuer pour me secourir,
La fin de mes malheurs, dans celle de ma vie:
    Mais puis qu'il me faut vn Tombeau,
    Amour, fais au moins qu'il soit beau.

Inuisible Demon de flame,
Qui cause mon tourment;
Parois dessus ce Monument;
Mais aussi triomphant, que tu l'es dans mon ame:
    Puis que ie t'ay fait immortel,
    Prends mon Sepulchre pour autel.

Elle est dans sa chambre le bras en escharpe.

C

ORANTE.

Pour éterniser la memoire
Des mots que i'ay soufferts,
Peinds-y bien mes feux & mes fers,
Qui sont les seuls Tableaux qui font bien voir te
gloire :
Et fais y paroistre mon cœur,
Dessous les pieds de son vainqueur.

Mais pour acheuer la structure,
D'vn si noble dessein;
Prends le traict qui m'ouurit le sein,
Et graue ces deux vers dessus ma sepulture :
Sa constance a causé sa mort,
Passe, va-t'en, & pleins son sort.

Ce n'est pas tout ; fais qu'Isimandre,
En sa pasle couleur,
Y tesmoigne vn peu de douleur,
Pour la perte d'vn bien qu'il n'aura pû deffendre :
Et qu'il semble dire à par soy,
Helas! elle est morte pour moy.

Fantastiques propos, songes, chimeres vaines,
Vous irritez mes pleurs, vous augmentez mes peines,

ORANTE.

Et le temps que ie perds à discourir icy,
Ne doit estre employé qu'à finir mon soucy.
I'aspire apres vn bien qui n'a point d'apparance;
C'est me nourrir de vent, que viure d'esperance;
Orante infortuné, & bien ne viuons plus :
Bornons auec nos iours ces regrets superflus:
Innocent criminel, vieil importun Florange,
Par mon triste dessein, vois où le tien me range :
Isimandre fidelle, apprends que ie le suis;
Sans partager ma mort, partage mes ennuis;
Et iuge par le sang que ie m'en vay respandre,
Qu'Orante n'aima rien que le seul Isimandre.
Viuant en ton penser, ie mourray sans douleur : *Elle se desbande te bras.*
Dieux, ce sang est de flame, il en a la couleur;
Reçois au lieu d'encens l'agreable fumée,
Qui sort parmy le sang de la personne aimée,
Ce sont là des esprits qui vont chercher le tien:
La mort n'est point vn mal, à qui la connoist bien:
Mais puisque ce papier se trouue fauorable,
Taschons de consoler l'esprit d'vn miserable;
Faisons voir que la mort ne peut rien sur l'Amour: *Elle escrit de son sang.*
Adieu cher Isimandre, adieu, ie perds le iour.

C ij

SCENE SIXIESME.

NERINE.

Ve me donneriez vous d'vne bonne nouuelle?
Madame, vous dormez; c'est en vain que i'ap-
 pelle:
Ha Ciel! quel accident? au secours mes amis;
Dieux! vous l'auez veu faire, & vous l'auez per-
 mis!
Elle nage en son sang: ô l'horrible spectacle!
Son funeste projet n'a point trouué d'obstacle:
Et ce papier m'apprend, que sa fidelité,
Arriue par la mort à l'immortalité.

ORANTE. 21

SCENE SEPTIESME.

CLINDOR, NERINE.

CLINDOR.

IL faut que ie m'aduance à la chambre voisine:
Quel prodige est-ce-là ? que faites vous Nerine ?

NERINE.

Retourne vers ton Maistre, & va-ten l'aduertir,
Qu'Orante ne vit plus, qu'il est temps de partir:
Porte luy ce papier:

CLINDOR.

O funeste message!

NERINE.

Qu'il punisse Florange autheur de ce dommage;

C iij

ORANTE.
On la vouloit forcer de viure sous sa Loy;
Adieu, ne sois point veu, quelqu'vn vient, sauue toy.

SCENE HVICTIESME.

LVCINDE, ORMIN, FLORANGE,
PALINICE, NERINE, ORANTE.

LVCINDE.

Qvel bruit ay-ie entendu?

ORMIN.

Bons Dieux Orante est morte!

FLORANGE.

Quel homme, ou quel demon, l'a mise de la sorte?

PALINICE.

Elle s'est fait saigner, & son bras s'est ouuert;
Mais ie vois qu'elle vit, par le sang qu'elle pert

ORANTE. 23
LVCINDE.

Ma fille,

PALINICE.

Ma Cousine,

ORMIN.

Orante,

FLORANGE.

Ma Maistresse:

NERINE.

Qu'on luy iette de l'eau, remettons la compresse:

ORMIN.

Ha Ciel! elle reuient;

NERINE.

Ouy mais c'est pour mourir, Elle parle bas,
Si vous n'auez dessein de la mieux secourir;

ORANTE.
Florange luy desplaist, sa mere la martire:

ORMIN.

Il parle bas. Le bruit luy feroit mal, que chacun se retire,
Vivez aimable Orante, on ne vous peut forcer;

ORANTE.

Ie coniure les Dieux de vous recompenser.

ACTE

ACTE SECOND.

PALINICE, ORMIN, ORANTE, NERINE, FLORANGE, ISIMANDRE, CLINDOR.

SCENE PREMIERE.

PALINICE.

Nuisible serpent, cruelle ialousie,
Qui vomis ton venin dans nostre fantaisie,
Bourreau de mon repos, vray Monstre des enfers,
Qui mets l'ame à la gesne, & l'esprit dans les fers;
Cesse de me monstrer ta vaine, & pasle image;
Cesse de me predire vn funeste dommage;
Orante aime l'honneur, Ormin sçait son deuoir;
Mais Amour est aueugle, il ne sçauroit rien voir.

D.

*La plus forte raison cede à cette manie;
Et bien qu'elle soit Reine, elle est souuent bannie.
Le change a des attraits plus forts que la beauté;
Tousiours l'esprit d'vn homme aime la nouueauté;
L'Hymen est vn fardeau qu'il iuge insupportable;
Plus vn bien est aisé, moins il est delectable;
Ce que nous possedons, est presque sans plaisir;
L'amour trouue sa fin en celle du desir;
Lors qu'il est au sommet, il commence à descendre;
Et ce brasier s'esteint dedans sa propre cendre.
Dieux! ie l'experimente en ma iuste douleur:
Ormin est tousiours triste, il change de couleur;
Des souspirs continus descouurent sa folie;
Son cœur suit par les yeux la belle qui le lie;
Il ne me parle plus qu'en termes de mespris;
Orante est vn miracle entre les beaux esprits;
Elle seule merite vne extreme loüange;
Il la peint des couleurs, dont on peindroit vn Ange;
Il luy donne l'encens qu'on offriroit aux Dieux;
Il mesprise la terre, & se mocque des Cieux;
Afin de l'obliger, il manque à sa promesse;
Florange n'estant qu'homme offence sa Deesse;*

ORANTE.

Pour posseder ce corps il faut estre immortel,
Bref, pour auoir sa couche il luy dresse vn Autel.
Il est vray, ie le voy, son ame en est blessée;
Elle est l'vnique obiect qu'il a dans la pensee;
Il mesprise ma flame aussi bien que sa foy;
Pour rendre Orante à luy, l'ingrat n'est plus à moy.
Mais il manque d'amour, & non moy de courage;
On connoist le Pilote au milieu de l'orage;
Faisons agir l'esprit pour rompre ses desseins;
Taschons de luy donner des sentimens plus seins:
Qu'il prenne pour guarir la medecine amere,
Et que son pouuoir cede à celuy d'vne mere.

D ij

SCENE SECONDE.

ORMIN.

STANCES.

IE fais gloire de mes malheurs;
Ie me vante de mes douleurs;
Tant ie cheris ma seruitude:
Et bien que dans mes maux l'espoir me soit osté,
(Sans l'accuser d'ingratitude)
I'adore ma maistresse, & hais ma liberté.

Ie la sers, mais c'est par deuoir:
Qui peut n'aimer pas & la voir?
A ses beaux yeux tout est possible:
Et qui n'est point touché par de si doux appas,
A la qualité d'insensible,
Où malgré ses rigueurs, mon cœur n'aspire pas.

ORANTE.

La peine me semble vn plaisir;
Ie fuy l'espoir & le desir,
Qui font aimer les ames basses:
Vn Tombeau glorieux ne peut estre que doux;
Et mourir pour vne des Graces,
Est vn sort qui peut rendre, vn Dieu mesme jaloux.

C'en est fait, i'y suis resolu;
Le Ciel, & mon cœur l'ont voulu;
Ie suis content des destinees;
Ie quitte sans regret, la lumiere du iour;
Mais dans la fin de mes annees,
On ne verra iamais celle de mon amour.

Les espines me sont des fleurs;
Dans l'Oubly, comme dans les pleurs,
Ie conserueray sa memoire:
Et mon esprit sans corps, & sans legereté,
Donnera mes feux, & sa gloire,
Dans l'Empire des morts à l'immortalité.

Ouy, ie la veux aimer iusqu'en la sepulture:
Elle merite bien qu'on force la Nature;

D iij

On doit à ses vertus vn amour eternel;
S'il estoit perissable il seroit criminel.
On ne peut trop aimer vn object tant aimable:
Iamais l'excez du bien ne peut estre blasmable,
(S'il est permis de mettre vn excez dans le bien)
Il faut que mon esprit prenne la loy du sien;
Et que ses volontez regnent sur mes pensées:
Que Florange n'ait plus ses flames insensées
Puis qu'il desplaist à l'œil que ie veux adorer.
Le respect qu'il me doit luy deffend d'esperer;
Et mes commandemens l'obligent à se taire:
O toy de mes pensers, fidele Secretaire,
Amour; qui les fais naistre, & seul les vois au cœur;
Viens rendre vne visite au bel œil mon vainqueur;
Et pour faire vn miracle, en voyant ma Rebelle;
Suy moy dans mon retour, & demeure chez elle.

SCENE TROISIESME.

ORANTE, NERINE.

ORANTE.

M'Empeschant de mourir, ton secours me conduit,
Du repos à la peine, & du silence au bruit.

NERINE.

Vous irez (si le sort calme sa violence)
De la peine au repos, & du bruit au silence.

ORANTE.

Ha! ne me flatte point d'vn espoir deceuant,
J'arresterois plustost les ondes, & le vent,
Que la suitte des maux, dont ie suis trauersée;
L'esperance est trop foible, elle en est renuersée;
La rigueur de ma mere, & celle de mon sort,
Ne laissent à mon choix, que Florange, ou la mort;

ORANTE.

Toutes mes volontez panchent vers la derniere:
Elle deliurera mon ame prisonniere;
Et malgré tous vos soins, mon esprit enflamé,
Fera voir que le feu ne peut estre enfermé.
Vne ame genereuse a la clef de sa porte:
Rien ne peut empescher que la mienne ne sorte;
Ie meurs sans desespoir, ie finis par raison;
La liberté vaut mieux que ne fait la prison.

NERINE.

La parole d'Ormin doit bannir cette crainte;

ORANTE.

La crois-tu veritable?

NERINE.

      Et la croyez vous feinte?
Non, esperez Madame, vn traitement plus doux;
Viuez pour Isimandre, ainsi qu'il vit pour vous;
Et croyez que le Ciel, par ses Loix souueraines,
Mesurera vos biens aux grandeurs de vos peines;
Il vous a fait vn mal, dont il aura pitié.
Faites que le Destin cede à vostre amitié;

ORANTE.

Le sage (à ce qu'on dit) se fait ses destinées:
Le pilote se rit des vagues mutinées;
C'est parmy les mal-heurs que paroist la vertu;
La fortune mesprise vn courage abatu;
On gagne ses faueurs auec la resistance;
Elle est fille, elle est belle, on la vainc par constance.

ORANTE.

Et bien donc, ie vivray, puis qu'il te plaist ainsi:
Mais Nerine, mon cœur, tire moy de soucy;
Quand la perte du sang (estant esuanoüye)
M'eust dérobé la veuë aussi bien que l'oüye;
Apprends-moy que deuint, vn papier, vn escrit,
Où l'Amour par ma plume auoit peint mon esprit;
Ne l'apperceus-tu point? il estoit sur ma table:

NERINE.

Ha! Madame pardon, ma memoire est coupa-
  ble:
Le soin de soulager vostre corps affoibly,
A fait que mes pensers ont mis tout en oubly:
Ouy Madame, ie leus cette honorable mar-
  que,
Que laissoit vostre amour en despit de la parque;

E

ORANTE.
Et Clindor la receut à l'instant de ma main:

ORANTE.
Clindor est donc icy?

NERINE.
non, il partit soudain:
Et porta ce billet, & la mort à son Maistre,
De qui i'auois receu pour vous vne autre lettre:
Mais ayant le desseind'accompagner vos pas.
Ie voulois que sa fin, suiuist nostre trespas.

ORANTE.
O mal-heur sans esgal! ô faute incomparable!
Voyons ce qu'escriuoit cét Amant déplorable.

LETTRE.

IE ne sçaurois plus endurer;
Mon mal est trop grand pour durer;
Vostre absence me tyrannise:
Bornant mes iours ou mon soucy;
Permettez moy d'aller à Pise,
Ou souffrez que ie meure icy.

ORANTE.

Faites Orante (au nom des Dieux)
Qu'vn miroir vous monstre vos yeux;
Sa glace vous rendant sensible,
Mes Soleils verront clairement,
Que sans doute il n'est pas possible,
De souffrir leur esloignement.

Naples me paroist vn desert
Mon œil perd tout, quand il vous pert;
Ie ne me sçaurois plus deffendre
D'aller voir ces Rois de mon cœur;
Adieu, ie suis
    Vostre

ISIMANDRE.

Au diuin Obiect mon vainqueur. *   C'est le
              dessus de
              la lettre.

Ha Ciel! tout est perdu, si ton conseil ne m'aide;

NERINE.

Ie vous ay fait vn mal dont voicy le remede :
Escriuez seulement trois mots de vostre main;
Que Lindoman les porte, & qu'il parte demain:
            E ij

ORANTE.
ORANTE.

Est-il assez discret pour luy monstrer ma flame?

NERINE.

Vn secret important, l'est toujours dans son ame:
Isimandre, sans doute, a besoin de cela:

ORANTE.

Ie le veux : mais Floran....

NERINE.

Madame, le voila.

SCENE QVATRIESME.

FLORANGE, ORANTE, NERINE.

FLORANGE.

Mon abord vous desplaist; mon respect vous offence;
Mais contre vos rigueurs, Amour prend ma deffence:
Et promet à mon cœur, pour le reconforter,
La force de les vaincre, ou de les supporter.

ORANTE.

Mettez vous en repos, sans parler dauantage; *Elle luy offre vn siege.*
Ie vous dois du respect, à cause de vostre aage.

FLORANGE.

Mon feu ne peut souffrir vn si froid compliment:
Vous me traittez en Pere, & non pas en Amant!

E iij

Ha ! veüillez adoucir mes peines obstinées;
Et compter mon argent plustost que mes années;
Pour faire que mon Astre, ait vn aspect plus doux,
Songez que mon Amour est ieune comme vous.

ORANTE.

Songez que le Sepulcre est prés de vostre couche,
Et qu'Ormin vous deffend d'en ouurir plus la bouche;

FLORANGE.

Ormin peut tout sur moy, mais rien sur mon amour:
Il ne peut me l'oster, qu'en me priuant du iour.
Sa foy me veut trahir, mais en cette aduanture,
Lucinde Mon Amour outragé s'adresse à la Nature:
arriue. Madame, c'est de vous que i'attends auiourd'huy,
Ou ma premiere ioye, ou mon dernier ennuy.
Ormin est sans parole; Orante me mesprise;
Et ce iour pour mon ame, est bien vn iour de crise.
Prononçant vn arrest, que i'attends à genous,
Vuidez le different, qui s'esmeut entre nous.

SCENE CINQVIESME.

LVCINDE, ORANTE, FLORANGE, NERINE,

LVCINDE.

A parole tiendra, puis que ie l'ay don-
née:

ORANTE.

Amour est bien vn Dieu plus puissant qu'Hyme-
née.
Ha, Monsieur! on me force, & les Cieux ennemis, Ormin
Veulent m'oster vn bien que vous m'auez promis. paroist.

SCENE SIXIESME.

ORMIN, FLORANGE, ORANTE, LVCINDE, NERINE.

ORMIN.

Vi vous fait si hardy, que de m'estre rebelle?

FLORANGE.

Fermez l'œil pour ma faute, & voyez cette Belle.

ORMIN.

Allez, si iamais plus vous procedez ainsi,
Ie vous feray bien voir, que ie commande icy.
Madame, ce Mary n'est pas bon pour Orante;
Leur âge est inesgal, leur humeur differente;
Pour agir là dessus auecque iugement,
Souffrez que ie vous meine à vostre Appartement.

ORANTE.

Seruons nous du loisir qui nous vient sans l'attendre;
Depeschons Lindoman au fidele Isimandre;
Afin que son esprit, où regne la raison,
Tire le mien de peine, & mon corps de prison.

SCENE SEPTIESME.

ISIMANDRE.

Ve l'attente est fascheuse à l'Amant qui souspire!
Qu'vn bien semble tardif alors qu'on le desire!
Le cours d'vn Siecle entier a bien moins de moments,
Que la crainte & l'espoir ne donnent de tourments.
Paresseux Messager, qui fais languir mon ame,
Resouds toy de quitter les beaux yeux de ma Dame;
Voy mes maux, songe à moy, regarde ton deuoir;
Et sois prompt à venir, si tu me veux reuoir.
Pense que ta longueur, m'assassine, & me tuë;
Toy seul peux releuer ma pauure ame abatuë:
Souffre que mes desirs t'arrachent de ce Ciel;
Voudrois-tu du Nectar, quand ie n'ay que du fiel?

F

Ton immortalité me cousteroit la vie:
He! sois plus pitoyable, en suiuant mon enuie:
Tu m'as cent fois promis d'aider à mon dessein;
Ha bons Dieux! le voicy; le cœur me bat au sein;
Ie tremble en remarquant, qu'il s'est peint le visage,
De la pasle couleur d'vn funeste presage;
La tristesse le suit, & marche sur ses pas;
Ie lis dedans ses yeux ce qu'il ne me dit pas;
Et dans l'incertitude où me met son silence,
L'excez de mon supplice, accroist sa violence:
Mes pleurs suiuent les siens, sans en voir le subiet;
Toy qui fais ma douleur, monstre luy son obiet.
Ne me le cele point; veut-on forcer Orante?
As tu veu les abois de sa vertu mourante?
As tu veu son esprit à trauers son discours?
Suis-ie desesperé? n'ay-ie plus de secours?
N'implore-t'elle point le pouuoir de mes armes?
N'as tu point veu ses pleurs, comme tu vois mes lar-
    mes?
Ne m'escrit-elle pas? que sert de le celer?
Enfin, dois-ie mourir? où si tu dois parler?

SCENE HVICTIESME.

CLINDOR, ISIMANDRE.

CLINDOR.

IVste Ciel, ie voudrois dans le mal qui me touche,
Qu'vn silence eternel me vint fermer la bouche:

ISIMANDRE.

N'adiouste point aux miens, tes regrets superflus;
Prononce mon arrest;

CLINDOR.

Orante ne vit plus,
Elle a voulu mourir, plustost qu'aller au change;
Elle vous adoroit, & n'aimoit point Florange,
Que le pouuoir d'Ormin luy donnoit pour Espous;
Enfin, que vous diray-ie, elle est morte pour vous.

ORANTE.

Et trouuant vn remede aux rigueurs de ses peines,
Sa generosité s'est fait coupper les veines:
Ce tragique Tesmoing vous dira mieux que moy,
Quelle fut son amour, sa constance, & sa foy.

<small>Il luy baille le billet d'Orante.</small>

ISIMANDRE.

Tout ce que tu me dis est remply de mensonge:
E 'on cerueau debile a fait vn mauuais songe.
Orante ne vit plus! Orante est au cercueil!
Dois-ie croire ta voix? dois-ie croire mon œil?
C'est de toy cher papier que ie le veux apprendre:

BILLET.

<small>Il lit ce billet.</small>

Tienne ie meurs, mon Isimandre.
Il n'en faut plus douter; par la rigueur du sort,
La vertu ne vit plus, & le Soleil est mort.
Il n'en faut plus douter; sa plume veritable,
Ne m'a que trop bien peint sa perte lamentable:
Il n'en faut plus douter; elle abandonne aux vers,
Le plus rare thresor qui fust en l'Vniuers.
Orante ne vit plus! Orante n'est que poudre:
Et moy ie ne meurs pas apres ce coup de foudre!
Apres l'auoir souffert, ie respire vn moment:
Ha! ie ne me crois plus vn veritable Amant:

Ie flattois mon esprit, en l'estimant fidelle;
S'il eust sçeu bien aimer, il seroit auprés d'elle;
Quand la blessure est grande on finit sans parler;
Et celuy qui se plaint, tasche à se consoler.
Chere Ombre, ie te suis, si tu me veux attendre:

BILLET.

Tienne ie meurs, mon Isimandre. *Il lit.*
He n'est-ce pas respondre, à mon cœur, à ma voix?
Disant ce qu'elle a fait, on dit ce que ie dois.
Caracteres sanglans, entrez dans ma pensée;
Representez y bien mon Orante blessée;
Que le traict de la Mort, la peigne en mon esprit,
En l'estat qu'elle estoit, en traçant cét escrit;
Ha! ie voy ce Phantosme, & sa main tasche à met-
   tre,
Les derniers traits de l'ame en ceux de cette lettre;
Et l'Amour semble dire à mon cœur prisonnier,
Tout le sang est sorty, i'y reste le dernier.
Suy moy dans les Enfers, où ie m'en vay des-
   cendre.

BILLET.

Tienne ie meurs, mon Isimandre. *Il re-lit.*

F iij

ORANTE.

Attends, Orante, attends, mon ame qui te suit;
Ne t'en va point sans elle en l'eternelle nuit;
Iuge de mon amour, iuge de ta puissance;
Remarque l'vne & l'autre en mon obeïssance;
Mais souffre que ie pousse en vn mesme chemin,
Et le traistre Florange, & le cruel Ormin:
Permets que nous goustions ceste douce allegeance,
Que les cœurs irritez trouuent en la vangeance;
Mon esprit au tombeau ne peut estre endormy.
S'il ne mesle à mon sang celuy de l'ennemy:
Ma Deesse demande vn pareil sacrifice:
Partons Clindor, allons luy rendre cét office;
Et quand i'auray puny ces volleurs de mon bien,
Ie respandray mon sang sur les marques du sien.

ACTE TROISIESME.

FLORANGE, ISIMANDRE, LINDOMAN,
CLINDOR, PALINICE, LVCINDE,
*NERINE, ORMIN.

SCENE PREMIERE.

FLORANGE.

A peine que ie sens leur est indifferante:
Amour que dois-ie faire? on me rauit Orante;
O toy qui le fais naistre, assiste mon ennuy;
Ou si tu vis d'espoir, meurs aussi bien que luy.
Mon extreme douleur n'a rien qui la console;
Orante est sans amour, Ormin est sans parole;
Que dis-ie mal-heureux? Elle a donné sa foy;
Elle est bien sans amour, mais ce n'est que pour moy.

ORANTE.

I'ay sceu comme Isimandre occupe sa belle ame;
Son cœur est consommé d'vne secrete flame;
Mais croyant que mon œil ne le sçauroit ouurir,
L'Amour qu'elle a caché me l'a fait descouurir.
Ha qu'on voit clairement, en despit de la feinte,
Si le cœur est sans playe, ou si l'ame est atteinte;
L'œil d'vn Amant ialoux, voit tout, peut tout percer;
Et mesme dans l'esprit il surprend vn penser:
Vn sousris, vne larme, vn souspir, vne œillade,
Sont indices certains que l'esprit est malade,
Sur quoy l'homme subtil fonde son iugement:
Celuy qui souffre vn mal le connoist aisément.
Il n'est que trop certain qu'Orante aime Isimandre:
Mais puis qu'elle est à moy, ie sçauray la deffendre;
Naples n'est pas si loing, ny son bon-heur si prés;
Tel cherche du laurier, qui trouue du Cyprés.
Et bien que ce Riual ait la place occupée,
Il faudra qu'il la prenne au bout de mon espée;
Ormin, la Mere, Orante, Isimandre, & le sort,
Ne peuuent me l'oster, qu'en me donnant la mort.

SCENE

SCENE SECONDE.

ISIMANDRE, LINDOMAN, CLINDOR.

ISIMANDRE.

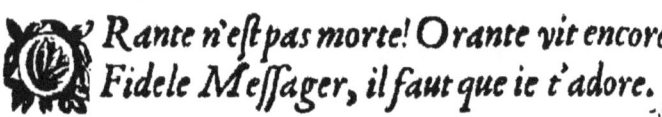Rante n'est pas morte! Orante vit encore!
Fidele Messager, il faut que ie t'adore.

LINDOMAN.

Quoy Monsieur, doutez vous, d'vn bon-heur asseu-
ré?
Vos yeux verront bien tost ce que i'ay tant iuré;
Nous approchons de Pise; & dans l'heure où nous som-
mes,
Vous vous confesserez le plus heureux des hom-
mes.
Cét habit de Marchand rauira vos esprits,
Dans vn autre dessein que vous ne l'auiez pris:
Et sans vous en seruir contre vostre aduersaire,
Pour approcher d'Orante, il vous est necessaire.

G

ORANTE.
ISIMANDRE.

Orante! ce beau nom, me charme, & me rauit;
Mais bien-heureux papier, redis moy qu'elle vit.

Il lit.
LETTRE.

L'esperance m'estant ostée,
Le trespas me sembla fort doux;
L'amour me fit mourir, & m'a ressuscitée
Mais ie veux que ce soit pour vous.

Ha trop heureux Amant! O trop fidelle Amante!
Dieux que le calme plaist, lors qu'il suit la tourmente!
Miracle de nos iours, incomparable foy,
Que ne vous dois-ie point? viure & mourir pour moy!

Il lit
encores.

Mon sang a marqué mon courage;
Mais apprenez de ce discours;
Que pour sauuer le reste, apres ce grand orage,
I'ay besoin de vostre secours.

Vous l'aurez chere Orante, & pour voir tant de charmes;
Amour ioindra sa force à celle de mes armes:

ORANTE.

J'auray pour obeïr à ce diuin escrit,
Autant de force au bras, comme vous en l'esprit.

Soyez discret, soyez fidelle,
Sans estre connu dans ce lieu :
Orante vous permet de venir aupres d'elle ;
Vollez s'il est possible ; adieu.

Hache nue
de luit.

Obseruons de tout point les loix de ma Maistresse :
Aide par tes aduis au desir qui me presse :
Apprends moy Lindoman, par ton sage conseil,
Sans estre veu d'aucun d'approcher du Soleil.

LINDOMAN.

La ruse d'vn Demon ne verroit pas la nostre :
Cét habit vous desguise, & vous fait tout vn autre ;
Ie vous laissois passer quand vous estes venu,
Si Clindor par malheur ne m'eust pas reconnu.
Ie vay marcher deuant, afin qu'on ne soubçonne ;
Venez droit au Chasteau sans parler à personne ;
Clindor vous conduira dans son Apartement :

CLINDOR.

I'en sçay bien le chemin, quittez nous seulement.

G ij

ORANTE.
ISIMANDRE.

Prepare mon Orante, apprends-luy ma venuë;
Allons voir le Soleil à trauers cette nuë ;
C'est ainsi que sans crime on peut estre trompeur;
Qu'Argus soit en ce lieu, ie n'en ay point de peur;
Comme le feu se cache en sa Sphere supréme,
Le mien plus pur que luy se cachera de mesme ;
Mon cœur est son vray centre, où son esclat ne luit,
Que pour moy qui le sens, & pour qui l'a produit.

SCENE TROISIESME.

PALINICE, LVCINDE, NERINE.

PALINICE.

Ce n'est pas sans rougir que ie me voy contrainte,
D'obliger vostre esprit à partager ma crainte:
I'ay balancé long-temps auant que de parler;
Et ie souffrois vn mal que ie voulois celer.
I'en esloignois mes pas; i'en destournois ma veuë;
I'accusois ma raison d'en estre despourueuë;
Ie chocquois ses aduis, au lieu d'y consentir;
Et flattois ma douleur, pour ne la pas sentir.
Mais enfin le peril est trop grand pour le taire:
On ne pleint pas vn mal quand il est volontaire:
Nos interests communs se doiuent consciller;
Et puis que vous dormez, ie vous yeux resueiller.

G iij

ORANTE.

Ne remarquez vous point qu'Ormin n'aime qu'O-
   rante?
Mais vous me respondrez, c'est qu'elle est sa paren-
   te;
On discerne aisément l'ardeur & la pitié;
Les sentimens d'amour & ceux de l'amitié.
Le sang ne peut donner vne si haute estime;
Croyez moy, ses desseins n'ont rien de legitime;
Ie connois mieux que vous ses inclinations;
I'ay leu dedans son cœur ses folles passions;
Le feu le plus caché iette vn peu de fumée;
Orante n'aime point, mais elle est trop aimée:
I'estime son esprit; i'adore sa vertu;
Le vice qui l'attaque est tousiours abatu;
Mais songez que la force est vne chose estrange;
Voyez qu'il a manqué de parole à Florange;
Il suit l'humeur d'Orante afin de l'obliger;
Croyez que mon aduis n'est pas à negliger.

LVCINDE.

Vos pensers & les miens ont de la sympathie:
Ie preuoyois le mal dont ie suis aduertie;
Et taschois de trouuer par mon raisonnement,
Dans la fin de ce feu celle de mon tourment:

ORANTE.

Mais que peut toute seule vne veufue affligée?
Vne femme sans force, vne Mere outragée,
Qui trouue en son Azile vn ennemy caché;
Mon mal est sans remede, en vain i'en ay cherché;
Pour moy le Ciel est sourd ; ma priere inutile,
Est vn grain que ie seme en vn champ infertile;
Elle s'adresse au Ciel qui ne la reçoit point;
Il passe; & mon malheur est tousiours en vn point.

PALINICE.

Suiurez vous vn moyen que l'esprit me suggere?

LVCINDE.

Toute difficulté me paroistra legere;
Proposez seulement:

PALINICE.

Ostez vous de ce lieu,
Ne voyez plus Ormin, partez sans dire adieu;
Que Florange vous suiue, & qu'apres dans Florence,
Il reçoiue le fruit de sa perseuerance;
Le temps qui change tout, pourra changer Ormin:

ORANTE.
LVCINDE.

Dans six iours au plus tard ie me mets en chemin.

PALINICE.

Vous serez en repos, & nostre Amant en peine:

LVCINDE.

I'aime plus mon honneur que ie ne crains sa haine.

NERINE.

Elle a escouté. *Dieux! on la veut forcer, ie n'y puis consentir;*
Mais ce mal est pressant, ie vay l'en aduertir.

SCENE QVATRIESME.

ORANTE, LINDOMAN.

ORANTE.

Ie ne puis te payer, ie le vòy plus i'y pense!

LINDOMAN.

En faisant mon deuoir, i'ay pris ma recompense.

ORANTE.

Ie l'ay desia present, ie croy le regarder.

LINDOMAN.

Madame, assurez vous qu'il ne sçauroit tarder.

ORANTE.

Mais s'il est reconnu, le danger est extreme:

LINDOMAN.

Il est si fort changé, que ce n'est plus luy mesme:

H

ORANTE.

Sous l'habit d'vn Marchand qui cache ses appas,
Vous qui l'auez au cœur ne le connoistrez pas.

ORANTE.

Souz vn mauuais habit paroist sa bonne mine,
Ainsi que l'or esclate en l'obscur d'vne mine.

SCENE CINQVIESME.

NERINE, ORANTE, LINDOMAN.

NERINE.

Elle luy parle à l'oreille. A Madame, escoutez......

ORANTE.

Ie n'en ay point de peur:
Mon projet est certain, leur espoir est trompeur;
Ie verray leur pratique auiourd'huy renuersée,
Si ie suis Andromede, Ismandre est Persée;

ORANTE.
Son œil escartera le malheur qui me suit.

LINDOMAN.
Ie l'apperçoy Madame, & Clindor le conduit.

ORANTE.
Mon cœur nage en la ioye, & rien ne l'importu-
ne;
Il ne craint plus les traicts que tire la fortune.

SCENE SIXIESME.

ISIMANDRE, ORANTE, NERINE,
CLINDOR, LINDOMAN.

ISIMANDRE.

Lisez dedans mes yeux, voyez en ma couleur,
Que l'extreme plaisir ressemble à la douleur:
Ma bouche en est muette, & mon esprit se pas-
me;
Fermez-la d'vn baiser, pour retenir mon ame;

H ij

ORANTE.

Vous me faites pitié, ie veux vous secourir;
Viuez cher Isimandre, où i'ay voulu mourir.

ISIMANDRE.

Lieux sacrez à l'Amour, pleins d'appas, & de char-
  mes;
Monstrez moy ce beau sang, que i'y mesle mes lar-
  mes;
Mais non, ie me repens de ma temerité;
Conseruez-le tout pur à la posterité.
Quand on vous couuriroit des richesses du Gange,
Cét esmail est si beau que vous perdriez au change:
Puisse bien-tost l'Aurore en orner ses habits;
Et le mesler au Ciel auecque ses rubis.
Ce tresor est trop grand, pour rester sur la terre.

ORANTE.

On triomphe en la paix, & nous sommes en guerre,
On me veut enleuer; quel remede auons nous?

ISIMANDRE.

On vous veut enleuer! y consentirez vous?

ORANTE.

Cherchez nostre secours dedans vostre industrie.

ISIMANDRE.

Sur les aisles d'Amour vollons en ma patrie,
Que Naples vous renoye en ieune Cavalier,
Ce remede est fascheux, mais il est singulier;
L'Amour s'est tousiours pleu dans les metamorphoses,
Le temps en s'enfuyant ameine toutes choses;
Sous le nom d'vn Amy mon pere vous peut voir.

ORANTE.

Il se fait vn combat d'amour & du devoir.

ISIMANDRE.

Le devoir & l'amour, obligent ma Maistresse
A fuir sagement l'ennemy qui la presse.

ORANTE.

Mais se peut-il trouuer vn Amoureux constant?

ISIMANDRE.

Ha! si vous en doutez, que ie meure à l'instant.

ORANTE.

Où prendre des habits? le moyen? l'apparence?

ISIMANDRE.

Ie feray sourdement l'equippage à Florence;
Et dans trois iours Clindor vous les apportera,
Sur le pretexte faux des Tableaux qu'il aura.

ORANTE.

Ne laissons pas Nerine, elle est de la querelle:

ISIMANDRE.

Et bien; i'en feray faire, & pour vous, & pour elle;
Et les ayant vestus, soyez le iour suiuant,
Dans le Temple de Mars, dés le Soleil leuant.
Là vous me trouuerez couuert d'vne autre sorte;
Les Cheuaux seront prests à cent pas de la porte;
Et pourueu que le cœur ne vous manque au besoing,
Quand on vous cherchera, nous serons desia loing.

ORANTE.

Vous auez dessus luy la puissance absoluë:
Puis que vous le voulez, m'y voila resoluë.

ORANTE.

Et deussay-je trouver la mort à mon chemin;
Ie vous suivray par tout:

NERINE.

voicy venir Ormin.

ISIMANDRE.

Madame, remarquez comme en cette peinture,   Il prend
L'Art plus divin qu'humain, imite la Nature: vn Ta-
Voyez comme Adonis semble admirer Venus;   bleau.
Comme à travers le crespe on voit ses membres nus;
Cét autre est ravissant, où le Pinceau prophane,
Offre aux yeux d'Acteon les beautez de Diane;   Il prend
Voyez que ce visage est en colere & beau;   le secõd.
Et que ce corps plongé se fait vn habit d'eau.

ORANTE.

Ha Monsieur, approchez, venez voir des merveil-   Ormin
les;   arriue
Qui chez les plus grands Rois n'auroient point de
    pareilles;
Tout ainsi que les miens, vos yeux seront charmez:

SCENE SEPTIESME.

ORMIN, ISIMANDRE, ORANTE,
NERINE, CLINDOR, LINDOMAN.

ORMIN.

Lles valent beaucoup, si vous les estimez.

ISIMANDRE.

Il prend le troi-siesme.
Voyez dans ce tableau, cette histoire connuë,
Où le fol Ixion n'embrasse que la nuë ;
Voyez de Iupiter le regard inhumain ;
Comme il hausse le bras, la foudre dans la main.

ORMIN.

Certes, Peintre, ou Marchand, ou tous les deux ensemble ;
La langue & le pinceau, font tres-bien ce me semble.

ISI-

ORANTE,
ISIMANDRE.

Voyez comme Apollon court aprés sa Daf-
né?
Elle deuient vn bois, dont il est couronné;
Pour atteindre plustost cette Nimphe super-
be,
Il laisse choir sa lire, & son carquois sur l'her-
be;
Il la suit, elle fuit, & va de toutes parts,
La robe retroussée, & les cheueux espars.

ORANTE.

Que me demandez vous de ces quatre Peintu-
res?

ORMIN.

Allez chercher ailleurs vos bonnes aduantu-
res;
Desia vostre marché, sans marchander est fait;
Qu'on le meine là bas, & qu'il soit satisfait;
Le prix se mesurant auecque sa demande,
Qu'il ait ce qu'il dira, puis que ie le commande;

Il prend le quatriesme.

ORANTE.

ORANTE.

Et cét autre Tableau?

ISIMANDRE.

ie l'enuoyray, ma foy:

ORANTE.

Adieu, n'y manquez pas, souuenez vous de moy.

ISIMANDRE.

Il dit ce vers bas. *Cét homme qui me sert l'apportera (Madame)*
Ha! que n'ay-ie son cœur, ainsi qu'il a mon ame.

ORANTE.

Elle tiét le premier Tableau. *Monsieur, cét Ixion me semble le plus beau:*

ORMIN.

Il eut vn haut dessein, & le Ciel pour Tombeau;
Il fut heureux en songe, & ie luy porte enuie;
Sa mort fut glorieuse aussi bien que sa vie.

ORANTE.

ORANTE.

Mais le foudre punit ses proiects orgueilleux;

ORMIN.

Les desseins esleuez sont tousiours perilleux:
Ce grand cœur rencontra la fortune irritée,
Il n'eut pas la Couronne, & l'auoit meritée;
Mais si i'auois son sort, ie mourrois sans re-
    gret;
Il descouurit son mal, & le mien est secret.

ORANTE.

Que Diane me plaist! que i'aime ce riuage!

Second Tableau

ORMIN.

Dieux! elle n'a pas seule vn naturel sauua-
    ge:
Vne autre haït mes yeux qui l'osent adorer,
Et fait que mes pensers me viennent deuorer:
Miserable Acteon, ie l'esprouue rebelle;
Mais n'importe mon cœur, mourons, car elle est
    belle.

I ij

ORANTE.

ORANTE.

Troisié-me Tableau.
Cette Nimphe qui fuit me touche de pitié:

ORMIN.

Vous aimez vn obiect qui n'a point d'amitié :
Voyez qu'elle est aueugle en fuyant la lumiere.

ORANTE.

Quatriéme Tableau.
Il faudra qu'vn rideau couure cette premiere.

ORMIN.

Si les feux d'Adonis sont indignes du iour,
Laissez-les moy couurir, ie sçay cacher l'Amour.

ORANTE.

Vous prendriez trop de soing;

ORMIN.

Ha ! qu'elle est inhumaine;
Elle pleint mon trauail, & ne pleint pas ma peine.

ORANTE.

Je deuois receuoir ce present à genous :

ORMIN.

Je ne puis rien donner, moy mesme estant à vous,

ORANTE.

L'excez de vos bontez me rend toute confuse :

ORMIN.

Croyez Ormin sans cœur, si ie vous le refuse.
Que vos commandemens secondent mes desirs;
Demandez quelque bien qui serue à vos plaisirs;
Ordonnez moy d'aller sur la terre & sur l'onde,
Auecque le Soleil faire le tour du monde.
Commandez à mon bras d'esgorger vn Lion;
Ordonnez luy de mettre Osse sur Pelion;
J'attaqueray le Ciel, & dans cette escalade,
Je seray plus heureux que ne fut Encelade :
Si ces lambris d'azur peuuent plaire à vos yeux,
J'oseray vous placer dans le Throsne des Dieux;
Vostre seule froideur a borné ma puissance;
Esprouuez mon amour par mon obeïssance.

ORANTE.

ORANTE.

En m'obligeant (Monsieur) iusqu'en vn si haut point,
Vous me croirez ingrate, & ie ne le suis point.

ORMIN.

Ie crois qu'vne Deesse est tousiours veritable.
Mais ce long entretien vous est insupportable;
Et mon esprit grossier aupres de vos appas,
Gouste vn contentement qu'il ne vous donne pas.
Adieu, voicy la nuit, les obiects se ternissent;
Ie souhaite à vos yeux vn bien qu'ils me rauissent.

ORANTE.

De ce discours obscur i'ay l'esprit estonné;
<small>Ormin s'en va.</small> *Mais prenez le repos que vous m'auez donné.*
Tousiours quelque malheur le Destin me suscite:
Florange me poursuit; Ormin me solicite;
Sa femme veut ma perte; & ma Mere y consent;
Helas! que d'ennemis contre vn cœur innocent.
Mais i'apperçoy le port en despit de l'orage;
Ie sortiray des fers si i'en ay le courage;
Comment! i'hesite encor! sur vn point assuré!
Non, non, il faut partir; Orante l'a iuré.

ACTE QVATRIESME.

PALINICE, LVCINDE, ORANTE,
NERINE, FLORANGE, ISIMANDRE,
CLINDOR, POLIANTE, ORMIN,
LERISTE.

SCENE PREMIERE.

LVCINDE, PALINICE, ORANTE,
NERINE.

PALINICE.

Vous serez dans le calme, & rirez des tempestes;
Car pour voſtre départ toutes choſes ſont
preſtes:

LUCINDE.

Demain sans differer m'esloignant de ce lieu,
Mon esprit affligé vous dirobe vn Adieu.

ORANTE.

Orante & Nerine en habit d'hōme les rencontrerent.
Ha! ie tremble Nerine!

NERINE.

O bon-heur sans exemple,
Madame, sauuons nous, entrons dedans le Temple;
Souz cét habit trompeur on ne vous connoist pas.

ORANTE.

Vueille Amour, qu'Ismandre ait deuansé mes pas.

SCENE

SCENE SECONDE.

FLORANGE, ISIMANDRE, CLINDOR.

FLORANGE.

C'Est en vain qu'on me fuit, c'est en vain qu'on
      se cache;
Ie suis seule, ils sont deux, mais l'vn & l'autre est lâche;
Quelque mauuais dessein les oblige à courir;
Temeraire Isimandre, apprens qu'il faut mourir.

ISIMANDRE.

Bons Dieux que d'accidens choquent mon entreprise;
Si ie ne me bats point, il me suiura dans Pise;

CLINDOR.

Ouurons nous par sa mort le chemin du bon-heur;

ISIMANDRE.

Ie suiuray ton conseil, & celuy de l'honneur.

K

Cét arbre, & cette escharpe asseureront Florange,
Il le lie Que ma main sans second, sçait bien comme on se
à vn ar- vange;
bre.

FLORANGE.

Me monstrez vous mes yeux ce que ie pense voir?

CLINDOR.

Monsieur, que faites vous?

ISIMANDRE.

       Ce que veut mon deuoir.
O toy que le mal-heur opposé à mon passage,
Vieux spectre que les ans n'ont pas rendu plus sa-
 ge,
Souuienstoy du beau sang qu'Orante a respandu:
Et reçoy de mon bras le loyer qui t'est deu;

FLORANGE.

Il tom- Temerité sans force! esperance trompée!
be.

ISIMANDRE.

Demande moy la vie, & me rends ton espée:

ORANTE.

FLORANGE.

Ie fais l'vn, prenez l'autre, & gloire des Guerriers,
Ne soüillez point de sang l'esclat de vos lauriers.

CLINDOR.

Monsieur, punissez-le du trauail qu'il vous donne;

FLORANGE.

Ie vous cede mon droict,

ISIMANDRE.

                        & moy ie vous pardonne;
Ciel! de quelle douleur ay-ie le cœur percé?
Clindor, que ferons nous? ie me trouue blessé;
Le moyen que sanglant i'aille où l'Amour m'appelle?
Ha chetif Isimandre! O fortune infidelle!
Trauerser cette ville en l'estat où ie suis,
Sans estre reconnu, c'est ce que ie ne puis:
On m'attend cependant; helas! que dois-ie faire?   *Il deslie son escuyer.*

CLINDOR.

Deschargez vous sur moy du poids de cette affaire;

K ij

ORANTE.

J'auray par mon trauail la fin de vos trauaux;
Allez vous reposer aupres de nos Cheuaux;
Mais de peur qu'il ne parle, il faut garder ce
traistre;

ISIMANDRE.

C'est au Temple de Mars que ma Venus doit estre.

CLINDOR.

Cachez vous dans le bois, & soyez sans effroy:

ISIMANDRE.

Tasche donc de voller; Florange, suiuez moy.

FLORANGE.

Que desirez vous plus de mon obeïssance?

ISIMANDRE.

Ce secret est trop haut pour vostre connoissance;
Le vaincu doit ployer sous les loix du vainqueur;

FLORANGE.

Il parle bas. Que n'auois ie le bras aussi bon que le cœur

SCENE TROISIESME.

POLIANTE.

Ve n'es tu le tesmoing de mon inquietude?
Ie te ferois rougir de ton ingratitude;
Fils sans obeïssance, enfant sans amitié,
A qui mes cheueux blancs n'ont sçeu faire pitié.
Quel exploit genereux, quelle belle aduanture,
Oblige ton esprit à choquer la nature?
Isimandre cruel, ton depart m'est suspect:
Le veritable amour n'est iamais sans respect:
Il s'impose luy mesme vne loüable crainte;
Il estime le ioug qu'il porte sans contrainte;
Et deuant qu'entreprendre vn dessein qu'il aura,
Sans songer s'il luy plaist, il pense s'il plaira.
Toutes ses volontez ne font rien en tumulte;
L'Oracle paternel est le seul qu'il consulte;
Il combat ses desirs, sans en estre abatu;
Et suit heureusement les pas de la Vertu.

K iij

ORANTE.

Si son ame a des feux la raison les tempere;
Il pense qu'il est fils, & qu'il doit estre pere;
Et tousiours l'amitié l'emportant sur l'amour,
Il rend le mesme honneur qu'on luy doit rendre vn
    iour.

Ha! que tu marches loing de cette heureuse trace;
Ton esprit libertin ne craint point ma disgrace;
Tu parts sans mon congé, tu vas quittant ces lieux,
Sans songer que mes pleurs sont apperçeus des Dieux,
Qui Peres comme moy prendront part à l'outrage,
Mais celestes Clements! sauuez-le du nauffrage;
Et ne punissant point ses desirs mutinez,
Pardonnez-luy sa faute, & me le ramenez,
Que i'ay le sens troublé! que i'ay l'esprit en guer-
    re!
Il a desia couru tous les coings de la terre;
Ingenieux qu'il est, il feint mille dangers,
Que trouue ce cher fils aux climats estrangers;
Ie le crois voir aux mains auec vn aduersaire;
Ie le crois voir sur l'onde, & pris par vn Corsaire;
Ie crois que son argent tente les matelots;
Ie crains comme les vents, les rochers & les flots;
Leur calme le plus doux despend de la fortune;
Et l'inconstante y regne aussi bien que Neptune.

ORANTE.

Ie le descends à terre auecque mes douleurs;
Ie le vois dans vn bois attaqué des voleurs;
Ie l'apperçoy combattre au milieu d'vne armée;
I'y crois voir sa valeur par le nombre opprimée;
Ie le vois tout sanglant; ie le vois qui paslit;
Ie le crois voir malade, & mourir dans vn lit;
Abandonné, tout seul, & priué d'assistance:
Bref, tous les accidents esprouuent ma constance;
Et pour luy mon amour se porte en vn tel point,
Que ie ressens les maux que peut-estre il n'a point.
Grands Dieux, de qui les mains tiennent nos desti-
        neés;
Pour allonger ses iours, retranchez mes anneés;
Et bornant son voyage ainsi que mon ennuy,
Que ie meure en moy mesme, & que ie viue en luy.

SCENE QVATRIESME.

ORANTE, NERINE.

ORANTE.

Elles sont dās le Temple.

Dieux ! il ne songe point au tourment qui me presse :
Pour auoir tant d'amour, il a trop de paresse.
Si ne me trouuant pas on se met à chercher,
Vn lieu tousiours ouuert, pourra-t'il me cacher ?
Et si par ces habits on connoist mon enuie,
Rien me peut-il sauuer & l'honneur, & la vie ?

NERINE.

Ie ne sçay que iuger de son retardement ;
Mais qu'il manque d'amour, Madame, nullement,

ORANTE.

Quand Clindor te donna ces habillements d'hommes,
Ne te marque-t'il pas ce lieu mesme où nous sommes?

NERI-

ORANTE.

NERINE.

Il me marqua le lieu, le iour, & le matin.

ORANTE.

Sans doute que leur faute est celle du destin,
Qui ialoux de mon aise, & l'ayant reconnuë,
Pour me desesperer, empesche leur venuë:
Quelque obstacle fascheux leur deffend de venir.
Mais ie n'en auray point quand ie voudray finir;
Dans l'excez des mal-heurs, où personne ne m'aide,
I'ay tousiours creu la mort vn souuerain remede;
Qui l'a pris vne fois, le prendra bien encor.

NERINE.

O Ciel! voicy venir le fidelle Clindor,

L

SCENE QVATRIESME.

CLINDOR, ORANTE, NERINE.

CLINDOR.

SI vous me voyez seul, qu'il ne vous semble estrange;
Mon Maistre par mal-heur a rencontré Florange;
Mais souffrez en fuyant la colere d'Ormin,
Que ce discours se fasse auec nostre chemin.

ORANTE.

Prends pitié de mon cœur, en luy faisant connoistre,
Si vainqueur ou blessé ie dois reuoir ton Maistre.

CLINDOR.

Et vainqueur, & blessé, mais fort legerement;
Quelqu'vn nous surprendra, sauuons nous vistement.

SCENE CINQVIESME.

LVCINDE, PALINICE.

LVCINDE.

Elas! de mon support ie me trouue priuée;
Madame, c'en est fait, ma fille est enleuée;
Elle n'est plus icy; Nerine a disparu;
En vain tout le Chasteau i'ay quatre fois couru;
Son Cabinet est vuide; & sa Chambre est ouuer-
te;
Ha!ie n'en doute plus, cela me dit ma perte!
Ie suis au desespoir; & ie perds la raison;
Souffrez vous des voleurs dedans vostre maison?
Soulagez ma douleur, puis qu'elle vous afflige;
Vn mal est incurable, alors qu'on le neglige;
Il est encore temps, faites courir apres:

PALINICE.

Ne cherchons pas si loing, les ennemis sont pres:

L ij

ORANTE.
Le principe du mal m'enfit preuoir l'issuë
Ormin a fait ce coup, ou ie suis fort deceuë;
Mais allons descouurir la route qu'elle a prise

LVCINDE.

Vous redoublez encor la gesne à mes esprits.

SCENE SIXIESME.

ORMIN.

LE feu de mon courroux se mesle auec ma flame;
On enleue mon cœur, on dérobe mon ame;
Au moins cruel destin, fais voir à mes desirs,
L'inuisible ennemy qui destruit mes plaisirs.
Descouure moy le Ciel où mon Soleil demeure;
Que ie meure vangé puis qu'il faut que ie meure;
Et permets que son sang puisse effacer l'affront,
Qui me perce le cœur, & me rougit le front.
Mais a tort ce soupçon m'entre en la fantaisie;
Et ie donne à l'Amour vn trait de ialousie;

ORANTE.

Sans doute que ma femme a fait ce beau desseix;
Mais vn coup de poignard luy va percer le sein,
Si sa ruse entreprend de faire l'ignorante;
Elle perdra le iour, si ie perds mon Orante.

SCENE SEPTIESME.

FLORANGE, ISIMANDRE.

FLORANGE.

*A fortune a trahy tout l'espoir que i'a-*
uois:

ISIMANDRE.

Aussi vieux qu'vn rocher, vous n'auez que la voix.

FLORANGE.

Il est vray; mais souffrez qu'elle me serue à pleindre;

ISIMANDRE.

Desormais vous ny moy n'auons plus rien à craindre.

L iij

ORANTE.

FLORANGE.

Le plus grand des mal-heurs, enfin m'est aduenu:

ISIMANDRE.

Le mal dont vous parlez ne vous est pas connu.

FLORANGE.

Que sçauroit adiouster la fortune à ma peine?

ISIMANDRE.

L'ineuitable fin d'vne esperance vaine.

FLORANGE,

Donnez moy cette fin en celle de mes iours:

ISIMANDRE.

Ce poil s'accorde mal auecque ce discours.

FLORANGE.

Et ce discours s'accorde auec mon aduanture:

ISIMANDRE.

Par luy vous renuersez l'ordre de la Nature.

ORANTE.

FLORANGE.

Comment l'entendez vous ? expliquez ce propos:

ISIMANDRE.

Songez que la vieillesse a besoin de repos.

FLORANGE.

L'âge dont vous parlez n'a rien qui soit infame:

ISIMANDRE.

Mais l'Amour est aueugle, & la fortune est femme.

FLORANGE.

Desia depuis long-temps i'en ay senty les coups:

ISIMANDRE.

Vous en verrez bien tost de plus heureux que vous.

FLORANGE.

Ne pouuant l'empescher, il faudra m'y resoudre:

ISIMANDRE.

Que vostre œil se prepare à voir tomber la foudre.

88   ORANTE.
FLORANGE.

Que ie ne meure point d'vn coup inopiné;
Orante vient icy;

ISIMANDRE.

Vous l'auez deuiné.

Elle ar- *Approche mon espoir,*
riue.

✿✿✿✿✿✿✿✿✿✿✿✿✿✿✿✿✿✿✿✿

SCENE HVICTIESME.

ORANTE, ISIMANDRE, FLORANGE,
CLINDOR, NERINE.

ORANTE.

FVyons, fuyons ma vie;
Nostre heur est assez grand, pour exciter l'enuie.

ISIMANDRE.

Il mon- *Nous la tenons captiue, elle est prise en ces lieux;*
stre Flo-
range.
ORANTE.

Ha! chassez ce phantosme il desplaist à mes yeux.

FLO-

ORANTE,

FLORANGE.

Que par l'ombre du bien l'ame est souuent trom- *Il parle bas.*
pée:

ISIMANDRE.

Allez, retirez vous, reprenez vostre espée;
Et sur vos passions ayez plus de pouuoir:

FLORANGE.

Ie meurs de voir Orante, & de ne la plus voir. *Il s'en va.*

ISIMANDRE.

Icy la diligence est bien fort necessaire;
Ce vieux monstre amoureux, ce debile aduersai-
re,
Va chercher du secours, & nous serons suiuis,
Si tost que de ma route on aura quelque aduis.
Clindor, volle deuant, & forme vne chimere,
Qui puisse trouuer place en l'esprit de mon pere;
Dis luy qu'ayant quitté le logis paternel,
Ie me suis repenty de me voir criminel;
Et que par mes douleurs iugeant de sa souffrance,
I'ay rompu le dessein d'vn voyage de France;

M

Dis luy que deux Guerriers m'ont tiré du danger,
Où mettent les voleurs l'vn & l'autre estran-
    ger,
Dis luy que ie les meine, & qu'il fasse connoistre,
En les bien receuant, la grandeur de mon estre;
La blessure que i'ay prouuera ton discours;
Mais les meilleurs conseils sont icy les plus cours;
Donne viste vn cheual, que i'enleue ma proye;
Elle vaut mieux qu'Helene, & Naples moins que
    Troye;
Et premier que ie rende vn bien que i'ay vollé,
Brusle comme mon cœur mon païs desolé.

SCENE NEVFIESME.

ORMIN, PALINICE, LVCINDE, LERISTON.

ORMIN.

La belle invention ! ô Dieux qu'elle est subtile !

PALINICE.

Mensonge bien pensé ! mais pourtant inutile.

ORMIN.

Tousiours vostre chagrin se plaist à me fascher :

PALINICE.

Orante est en vos mains, que sert de la cacher ?

ORMIN.

Mon esprit affligé n'entend point raillerie :

PALINICE.

Est elle au cabinet, ou dans la gallerie ?

M ij

ORANTE.

ORMIN.

Vous qui la retenez pouuez m'en esclaircir:

PALINICE.

Vn dessein descouuert ne sçauroit reüssir.

ORMIN.

Vous me croyez aueugle, & i'ay fort bonne veuë:

PALINICE.

Ie ne m'estonne point, sa perte estoit preueuë.

ORMIN.

Vostre ruse paroist plus claire que le iour.

PALINICE.

Vostre haine descouure, & fait voir vostre amour.

ORMIN.

Descouure mon amour! pour qui? pour ma parente?

PALINICE.

Vous n'aimez pas le sang, mais la beauté d'Orante.

ORANTE.

ORMIN.

Et bien ; soit ; il est vray ; mais ie la veux auoir :

PALINICE.

Puis qu'elle est en tes mains, perfide, va la voir.

ORMIN.

Ha! ne contestez plus, rendez la moy, vous dis-ie :
Quoy! vous n'en ferez rien? *Il la veut frapper d'vn poignard.*

LVCINDE.

O bons Dieux, quel prodige :
Page, secourez moy, ie ne le puis tenir :

PALINICE.

Ciel! peux-tu voir son crime, & ne le pas punir?

M iij

SCENE DIXIESME.

FLORANGE, LVCINDE, ORMIN, PALINICE, LERISTE.

FLORANGE.

SI vous cherchez Orante, elle n'est plus à Pise:
Et ses charmes ont pris vn Amant qui la prise.
Isimandre l'emmene, apres m'auoir vaincu:

LVCINDE.

Pour auoir moins de maux, que n'ay-ie moins vesc ?

ORMIN.

Resoluons nous mon cœur, ma perte est assurée;
Orante la procure, & le Ciel l'a iurée;
Vn autre la possede : ô penser assassin!
Iamais volleur ne fit vn si riche larcin.
Bien-heureux Isimandre, en cette douce guerre,
Tu pilles les thresors du Ciel & de la Terre;

ORANTE.

Ce fameux Conquerant, qu'on a fait immortel,
Prit l'Vniuers entier, & ne prit rien de tel.
Mais quand Naples seroit en ces Plages desertes,
Qui par les Matelots ne sont pas descouuertes;
Quand tu la cacherois en ces lieux retirez,
Que les rayons du iour n'ont iamais esclairez;
Quand tu te logerois au milieu d'vne armée;
Quand tu disparoistrois comme vn corps de fumée,
Quand tu pourrois voller, perfide assure toy,
Que tu me la rendrois, Leriste suiuez moy.

LVCINDE.

O combien d'accidents chocquent nostre famille!
Ses plus grands ennemis sont aimez de ma fille;
Mais i'yray la trouuer pour en auoir raison,
Deust mon pays natal deuenir ma prison.

PALINICE.

Souffrez en ce dessein que ie vous accompagne;
Car sans doute qu'Ormin se va mettre en campagne,
Mon interest au vostre, icy se meslera.

LVCINDE.

Pourueu que nous partions, tout ce qu'il vous plaira.

FLORANGE.

Comme i'auois des feux, il auoit de la flame:
L'excez de la douleur m'a fait lire en son ame;
Et comme son esprit adoroit mon vainqueur,
Il n'a pû retenir les sentimens du cœur.
Sa raison a perdu son ordinaire vsage;
Sa folle passion s'est peinte en son visage;
Ses souspirs ont fait voir en mesme temps au iour,
Le feu de la colere, & celuy de l'amour.
L'vn & l'autre esclatoit; l'vn & l'autre visible,
Me l'ont fait reconnoistre, amoureux & sensible.
Et i'ay veu par les pleurs que respandoyent ses yeux,
Qu'il perdoit comme moy, ce qu'il aimoit le mieux.
Ouy, i'ay veu clairement quelle est sa maladie:
L'amour qu'il a pour elle, a fait sa perfidie;
Le traistre a fait mon mal, pour establir son bien;
Et rompu mon dessein pour acheuer le sien.
Ce coup est sans remede, & moy sans allegeance,
Si ie ne la rencontre auecque la vangeance;
Ouy, vangeons nous mon cœur des outrages souffers;
Afin de t'exciter, voy le bien que tu pers;
Figure toy les traicts de la beauté d'Orante;
Songe que le perfide a trompé ton attente;

Qu'a-

ORANTE.

Qu'aprés t'auoir promis il t'a manqué de foy;
Te rauissant vn bien qu'il reseruoit pour soy;
Voudrois tu le souffrir ? responds à ma demande ?
Non, non qu'il soit puny puis qu'Amour le commande,
Vangeant la foy rompuë, & qu'il eut à mespris,
Qu'il n'ait point de retour au voyage entrepris.
Suiuons, suiuons ses pas, & loing de la patrie,
Faisons agir la force auecque l'industrie;
Deux BRAVES employez seconderont mes coups;
Ce sont là des exploits qui sont dignes de nous.
Aux combats inégaux la victoire est certaine;
Quand on veut rompre en lice, ou courre à la quin-
     taine
L'egalité sied bien, car elle est sans danger:
Ie ne veux point mourir, ie cherche à me vanger,
Ie veux choisir le temps, & le moyen propice;
Ie veux qu'il tombe seul dedans le precipice;
Je veux qu'apres sa perte, en perdant les tesmoins,
Ie sois celuy de tous qu'on en soupçonne moins.
Ha! ie nage desia dans le sang du perfide;
I'obeïs au courroux, ie n'en tiens plus la bride;
Il m'emporte, il m'entraine, il me force à courir,
Ie te suy, ie te tiens, Ormin, il faut mourir,

N

ACTE CINQVIESME.

Isimandre, Leriste, Orante,
Poliante, Lvcinde, Palinice,
Ormin, Florange, Gertimant,
Argamor, Clindor, Nerine.

SCENE PREMIERE.

Isimandre, Leriste.

Isimandre.

Cartel.

Il
lit.

Simandre, Orante trompée,
Oblige Ormin à te punir;
Ie t'attends auec vne espée,
Souuiens toy que tu dois venir.

ORANTE.
Si tu satisfais mon enuie,
Autre que moy ne te nuira:
Viens m'oster, ou perdre la vie,
Où ce Page te conduira.

Dures extremitez, où le destin m'engage:
Amour oste le cœur, & non pas le courage:
Si ie fais ce combat, ie hazarde mon heur,
Et i'en serois indigne, en viuant sans honneur:
Ha! mon affliction n'a rien qui la console.
Où me dois tu mener?

LERISTE.

Du costé du Pouzzole.
Mais sans vous designer expressément le lieu,
Ie vous y conduiray,

ISIMANDRE.

Ie le veux bien; adieu.
Separons nous, ie crains que mon pere ne sorte:
Ie te suy pas à pas, va m'attendre à la porte.
Tousiours l'homme est subiect aux caprices du sort;
Et son premier repos est celuy de la mort.
Si tu donnes ta vie au danger qui la presse,
Amant infortuné, que fera ta Maistresse?

N ij

ORANTE.

Quoy! la veux tu laisser souz vn habit trompeur?
Ne mourra-t'elle pas? n'en as tu point de peur?
Veux-tu que sans support elle soit (vagabonde)
L'opprobre, le mespris, & la fable du monde?
O dangereux voisins, temeraires Gaulois,
Dont les mauuaises mœurs ont peruerty nos loix,
Que par vous mon esprit souffre vne peine amere,
Suiuant ce point d'honneur qui n'est qu'vne Chimere!
Il le faut cependant; le destin l'a voulu,
Mon honneur le commande, & i'y suis resolu.
Ha! voicy mon Orante, & mon ame contrainte,
Aura peine à cacher sa douleur & sa crainte:
Mais ie luy veux donner vn conseil au besoing,
Afin si ie peris que quelqu'vn en ait soing.
Veux-tu pas te resoudre à parler à mon pere?
Tu sçais bien comme vn cœur souffre quand il espere.
Le danger nous tallonne, & le mal va croissant;
Fais agir sur le sien ton esprit tout puissant:
Force-le par raison, fléchy-le par des larmes,
Vne ame de rocher cederoit à ces armes;
Fay combattre pour toy l'amour & la pitié,
Et fay luy voir qu'Orante a pris son amitié.
Quitte cette pudeur, elle nous est contraire;
Ressuscite Isimandre, & fay mourir son frere;

ORANTE.

Que ce nom desormais soit banny d'entre nous;
Veux-tu pour l'obtenir que ie sois à genous?

SCENE SECONDE.

ORANTE, ISIMANDRE.

ORANTE.

Ruel, que ne fais tu ce que ta voix m'ordonne?

ISIMANDRE.

Le Ciel m'a refusé les graces qu'il te donne;
Et mon discours n'a point l'art de persuader:
Helas! ie le vois bien, tu ne veux pas m'aider :

ORANTE.

Charmeur, tes volontez sont tousiours souueraines;
Elles tiennent sur moy la qualité de Reines.

ISIMANDRE.

L'espreuue en fera foy; le voicy, tu le vois,
Adieu; peut-estre adieu, pour la derniere fois.

Il dit ce vers bas.

SCENE TROISIESME.

POLIANTE, ORANTE.

POLIANTE.

Equoy s'entretenoit le braue Cleomire?

ORANTE.

Des vertus d'vn Seigneur que tout le monde admire;
De ce fils que le Ciel accomplit de tout point;
Et certes ce penser ne m'abandonne point.

POLIANTE.

L'amitié vous deçoit, ainsi qu'elle m'abuse;
Les deffauts d'vn amy ne manquent pas d'excuse;
L'œil flatte ce qu'il aime; & mon fils n'est parfait,
Desirant vous seruir qu'au vœu qu'il en a fait.

ORANTE.

On ne sçauroit cacher vne si belle vie,
Qui fait parler l'Histoire, & fait taire l'enuie.

ORANTE.

Mais comme sa valeur dés ses plus ieunes ans,
A mis la poudre aux yeux à tous les Courtisans;
Et que suiuant vos pas aux dangers de l'armee,
Il a pris bonne part à vostre renommée,
Vous deuriez desormais l'arrester en ces lieux;
Songez que la fortune est vn monstre sans yeux,
Et qu'elle peut frapper ceux qu'elle fauorise:
Donnons-luy des desirs que le vostre authorise;
Afin que l'arrestant, comme il est à propos,
Les derniers de vos iours se coulent en repos.

POLIANTE.

Ce que vous proposez est le but où i'aspire;
C'est vn bien que ie cherche, & pourqui ie souspire;
Mais ie ne trouue point où borner ce desir.

ORANTE.

Peut-estre en cét Himen voulez vous trop choisir:

POLIANTE.

Nullement; mon esprit n'a point cette foiblesse:
Pourueu que la vertu se ioigne à la Noblesse,
Ie seray satisfait, ie ne cherche point l'or,
Ces qualitez chez moy tiendront lieu de thresor.

ORANTE.

Vous oubliez vn point d'vne importance extréme:

POLIANTE.

Quel?

ORANTE.

qu'il aime vne fille, & qu'vne fille l'aime.

POLIANTE.

Ie ne l'oubliois pas, i'y suis trop disposé;
Mais estant necessaire, il est presupposé.
Ces marchez d'interest, sont des maux qu'on doit craindre;
Et i'aime trop mon fils pour le vouloir contraindre;
Aussi loing d'y songer ie blasme ces parents,
Qui pere comme moy deuiennent des tirans.

ORANTE.

Et si ie vous nommois, vne fille estimée;
Honneste, noble, riche, & qui plus est, aimée;
Y consentiriez vous?

POLIANTE.

N'en doutez nullement:
Mais Naples n'en a point, selon mon iugement;

Et si

ORANTE.

Et si vous la sçauez, mon ame est ignorante:

ORANTE.

Iugez si ie me trompe, en vous nommant Orante:

POLIANTE.

Orante (a ce qu'on dit) a ces trois qualitez,
Mais on ne peut finir ce que vous proiattez:
La haine hereditaire (execrable folie,
Qui semble estre fatale à toute l'Italie)
Bien que contre mon sens, & contre la raison,
A tousiours diuisé, les siens, & ma maison.
Et ie ne puis penser, comme sans la connoistre,
L'amour dont vous parlez auroit iamais pû naistre.

ORANTE.

Il est nay cependant : & s'est bien rendu tel,
Que d'vne part & d'autre il doit estre immortel.
Les haines des parens sont de foibles obstacles;
Et l'Amour est vn Dieu, qui se plaist aux miracles.
Cette vieille querelle a desia trop duré;
Elle desplaist au Ciel, soyez en asseuré:
Il n'assemble les cœurs d'vn fils & d'vne fille,
Que pour mettre en repos l'vne & l'autre famille.

O

Mais pourtant leurs esprits qui sçauent leur deuoir,
Rangent leurs volontez, dessous vostre pouuoir:
Tous prests de se priuer du iour qui les esclaire,
Plustost que d'acheuer rien qui vous pust desplaire.

POLIANTE.

Pardonnez Cleomire, à mon estonnement;
Mon esprit pense faire vn beau songe en dormant.
Ce que vous m'apprenez est si plein de merueille,
Que mesme en vous parlant ie doute si ie veille.
Que ce penser profond ne vous soit pas suspect;
I'estime cét amour autant que son respect;
Et pour voir auiourd'huy ses peines terminées,
Ma volonté suiura celle des destinées:
Ouy, dites à ce fils qui vous a fait parler,
Que i'approuue le feu dont il osa brusler.

ORANTE.

Ha! formez quelques pas, que i'en baise les traces;
Aussi bien que ce fils ie vous dois rendre graces:
C'est moy qui suis...... qui suis......

SCENE QVATRIESME.

CLINDOR, POLIANTE, ORANTE.

CLINDOR.

IE viens vous aduertir
Que mon Maistre a querelle, & qu'on l'a veu sortir
Auec sa longue espée, & sans nul equipage.

POLIANTE.

Quelqu'vn le conduit-il?

CLINDOR.

Ouy Monseigneur, vn Page,
De liurée inconnuë; & qui nous fait iuger,
Que celuy qui l'enuoye, est sans doute Estranger.

ORANTE.

Quelles sont ses couleurs?

CLINDOR.

Si mon œil ne s'abuse,
Incarnat, blanc, & verd.

ORANTE.

Dieux, que ie suis confuse! *Elle par le bas.*

O ij

ORANTE,
POLIANTE.

Que ne le suiuez vous?
CLINDOR.
en vain ie l'ay tasché,
Et contre mon deuoir il a paru fasché.

POLIANTE.

Viste, viste, à cheual, qu'on batte la campagne;
Empeschons ce duel.

ORANTE.

Quel mal-heur m'acompagne!
Sans doute c'est Ormin, car ce Page est à luy.
Reprenons nos habits, il est temps auiourd'huy;
Afin que si du sort les loix me sont fatales,
Ie les puisse changer en celuy des Vestales;
C'est vn port asseuré qui s'offre à ma douleur:
Mes feux sont eternels, aussi bien que le leur.

SCENE CINQVIESME.

ORMIN.

'Est icy que ma main se va remplir de gloire;
C'est icy qu'on verra le champ de ma victoire;

Icy i'effaceray la marque d'vn affront,
Par la rougeur du sang ostant celle du front.
Le terrain est fort bon : dans l'ardeur qui me presse,
Que n'auons nous au moins, entre nous la Maistresse;
Pour la faire rester comme vn prix amoureux,
Non pas au plus rusé, mais au plus genereux.
Afin que le peril plus aisément i'escarte,
Dois-ie porter en tierce ? ou bien plus tost en quarte?
Non, par vn autre coup, ie prepare sa mort,
Ie passeray sur luy, car ie suis assez fort.

SCENE SIXIESME.

FLORANGE, ARGAMOR, GERTIMANT, ORMIN.

FLORANGE.

 *Ain basse Compagnons:*

ORMIN.

Que faites vous Florange?

FLORANGE.

Ie fais ce que ie dois ; ie punis, ie me vange.

O iij

ORANTE.

ORMIN.

Oubliez vous l'honneur?

FLORANGE.

Ie le trouue à punir,
Un qui donne sa foy, pour ne la pas tenir.

SCENE SEPTIESME.

ISIMANDRE, LERISTE, GERTIMANT, ARGAMOR, FLORANGE, ORMIN.

ISIMANDRE.

'Entends vn bruit d'espée ; aduançons:

LERISTE.

ha ! le traistre;
Florange, Monseigneur, assassine mon Maistre:

ISIMANDRE.

Ie ne sçaurois souffrir ce complot inhumain:
Le Ciel te destinoit à mourir de ma main;

ORANTE.
La seconde rencontre, acheue la premiere:

ARGAMOR.
Fuyons,

FLORANGE.
ie perds l'espoir, auecque la lumiere.

ISIMANDRE.

Le sort pour m'obliger, en ce iour a permis,
Qu'vn ennemy pour vous combat vos ennemis;
Afin que l'honneur sauf, sa voix vous fasse enten-
    dre,
Qu'Amour, & la raison ont conduit Isimandre:
Ie suis ce mal-heureux que vous allez cherchant;
Vous le voyez soldat, & l'auez veu Marchant.

ORMIN.

Pour vn cœur genereux, les biens-faits ont des char-
    mes;
Et vous me desarmez en conseruant mes armes:
Vous venez de me vaincre, en me rendant vainqueur;
Au lieu d'en tesmoigner ie manquerois de cœur,
Se ie vous disputois vne palme obtenuë;
Ma colere s'en va comme elle estoit venuë;

Elle s'esuanoüit ; & dedans ce moment,
Vous auez triomphé de mon ressentiment.
Ie connois mon erreur ; elle est toute apparente,
Mais ne vous souuenez que des beautez d'Orante:
Possedez-la paisible ; & m'accordez ce point,
('Au nom de vostre amour) de ne me haïr point.
Bornons en fin le cours d'vne haine ancienne,
Qui perd vostre Maison, & qui destruit la mienne;
Faites souscrire vn pere auecque mon desir:

ISIMANDRE.

Mon ame est dans mes yeux, iugez de son plaisir.
Ie ne puis exprimer les transports de ma ioye;
Et mon cœur veut s'ouurir, à dessein qu'on la voye.
Ouy, ouy, soyons vnis ; mon pere est appaisé ;
Le chemin de son ame est vn chemin aisé;
Le repos est vn bien que son esprit souhaite:
Mais Monsieur il est temps de faire la retraite;
Naples vous peut reuoir, y venant quant & moy:

ORANTE.

Ie marche sans frayeur, marchant sur vostre foy.

SCENE

SCENE HVICTIESME.

LVCINDE, PALINICE.

LVCINDE.

Oyant ce rauisseur, qui passoit dans la ruë,
I'ay quitté la fenestre, & i'y suis accouruë;
Mais comme il se cachoit, de peur d'estre connu,
Ie n'ay sceu dans trois pas, ce qu'il est deuenu;
Son extréme vistesse a trompé ma poursuite;
A peine mes regards ont descouuert sa fuite,
(Chose qui m'a faschée, & qui l'a resioüy)
Qu'en esclair, en phantosme, il s'est esuanoüy.

PALINICE.

Patientez vn peu, nous le verrons sans doute:
Ie me mocque d'vn mal que vostre esprit redoute;
Puis qu'il paroist icy, ie le tiens innocent;
Vostre fille est sa femme, & son pere y consent;
Vn nouueau possesseur est ardent & fidelle;
S'il la tenoit cachée il seroit aupres d'elle;
Ces plaisirs dérobez attachent tout le iour;
Ie la crois plus à luy, puis qu'il a moins d'amour.

P.

LVCINDE.

Plûst au Ciel que ce mal eust enfin bonne issuë;
Et qu'elle fust ainsi que vous l'auez conçeuë;
Ie me consolerois; ma fille auroit bien fait;
Il est nostre ennemy, mais il est tout parfait.

PALINICE.

Mettons nous dans ce lieu qui regarde la porte;
Nous le descouurirons, soit qu'il entre, ou qu'il sorte.

SCENE NEVFIESME.

POLIANTE, CLINDOR.

POLIANTE.

L'Amitié m'abusoit ; son conseil estoit faux;
En le considerant i'en ay veu les deffaux:
Si ie suiuois mon fils, en suiuant mon enuie,
Ie perdrois son honneur pour luy sauuer la vie:
Qu'il reuienne vainqueur, ou qu'il reste vaincu,
Je desire qu'il meure ainsi qu'il a vescu.
C'est vn iuste tribut qu'on doit à la Nature:
En voyant son berceau, ie vis sa sepulture;

ORANTE.
Ie nasquis pour mourir, ie l'ay fait naistre tel;
Mais vne belle mort le peut rendre immortel.

CLINDOR.
Cette Philosophie est vn peu trop austere.

POLIANTE.
Tu verrois dans mon cœur que ie suis homme, & pere;
I'en ay le sentiment; mais il est combatu,
Des armes du discours que preste la vertu.

CLINDOR.
Ha Monsieur le voicy!

POLIANTE.
n'ay-ie pas bonne veuë?
Mon ame de raison est-elle bien pourueuë?
Ie reconnois Ormin, ce n'est point vne erreur;
Ie l'ay veu maintes fois aupres de l'Empereur.

SCÈNE DIXIESME.

ORMIN, POLIANTE, ISIMANDRE, CLINDOR, LERISTE.

ORMIN.

IL n'est riē d'eternel en la terre où nous sommes:
La haine doit finir aussi bien que les hommes;
Le merite d'vn fils esteignant mon courrous,
Ie viens vous assurer que ie suis tout à vous.

POLIANTE.

Dans l'accommodement ainsi qu'à la Victoire,
Qui marche le premier, a la premiere gloire;
Mais puis que vos bontez me la veulent rauir,
Ie garderay pour moy celle de vous seruir.

SCENE ONZIESME.

LVCINDE, PALINICE, POLIANTE, ORMIN, ISIMANDRE, CLINDOR, LERISTE.

LVCINDE.

I'Ay ma part à la paix aussi bien qu'à la guerre:
Ie crois auoir acquis le reste de la terre,

ORANTE.

Puisque par cét accord on me donne pouuoir,
D'habiter vn païs que ie n'osois reuoir.

POLIANTE.

Madame, esperez tout de mon obeïssance;
Naples que ie gouuerne est en vostre puissance;
Et tant que i'y seray, vostre commandement,
Aura tousiours le droict d'agir absolument.

ORMIN.

Oublions le passé (mon cœur) ie t'en coniure:

PALINICE.

Vostre seul repentir efface mon iniure.

ISIMANDRE.

Vous qui pouuez donner à mon cœur amoureux,
La fortune prospere, ou le sort mal-heureux,
Si vous auez pitié de me voir dans la flame,
Commandez à ce corps d'aller querir son ame.

POLIANTE.

Il parle d'vn Amy que la sienne cherit:
Allez ; qu'il vienne voir comme le Ciel nous rit:
Iamais deux volontez ne furent mieux vnies;
Leur accord va passant toutes les harmonies;
Chaque iour l'vn à l'autre ils parlent en secret;
Et la nuit les separe auec bien du regret.

ORANTE.

ORMIN.

Ie me doute à peu pres quel amy ce peut estre:
Ha! sans faute c'est luy, car ie le voy paroistre;
Mais souz vn autre habit que vous ne l'auez veu:

POLIANTE.

Quel prodige nouueau m'attaque à l'impourueu?

SCENE DERNIERE.

ISIMANDRE, LVCINDE, ORANTE,
ORMIN, POLIANTE, PALINICE,
NERINE, CLINDOR, LERISTE.

ISIMANDRE.

MAdame, ie vous rends vn bien inestimable;
Moy seul ay fait la faute, elle n'est point blasmable:

LVCINDE.

Pour l'amour d'Isimandre il faut luy pardonner:
Et ie ne la reprens que pour vous la donner,

ORANTE.

ORANTE.

Mon silence, & mon teint vous parlent de ma honte:

LVCINDE.

Soyez deformais sage, ayant esté trop prompte:
Oubliant le passé qui ne nous sert de rien,
Ne parlons plus d'vn mal qui nous produit vn bien.

ORMIN.

C'est de vous maintenant que ce couple fidelle,
Attend vne faueur qu'il vient de prendre d'elle:
Monsieur, soyez bon pere en exauçant leurs vœux:

POLIANTE.

Ce braue Caualier sçait bien que ie le veux. *Il parle d'Orante.*
Sous l'vn & l'autre habit esgalement i'admire,
Tantost la belle Orante, & tantost Cleomire;
Mon cœur n'est pas vn bien que ie donne à depiy;
Ie l'aime comme fille, & l'aimois comme amy.

ORANTE.

Et ie vous seruiray pour tous les deux ensemble:

POLIANTE.

On ne peut separer ce que le Ciel assemble.
Il a certains ressorts qu'on ne peut descouurir:
C'est vn liure fermé qu'on ne sçauroit ouurir:

Et la fin des desseins, non plus que des années,
Ne se voit que des Dieux, qui font nos destinées:
C'est à nous d'obeïr aux Maistres des humains:
Aussi ie tends vers eux, l'œil, le cœur, & les mains;
Et demande pour vous vne trame choisie;
Vne amour sans froideur, comme sans ialousie;
Et pour comble de ioye, & de prosperité,
Des Enfans aussi bons que vous l'aurez esté.

FIN.

www.ingramcontent.com/pod-product-compliance
Lightning Source LLC
Chambersburg PA
CBHW060155100426
42744CB00007B/1035